VOR WEIHNACHTEN

Für die hungrigen Spatzen
haben wir Futter gestreut.
Jetzt ist es draußen dunkel.
Im warmen Rauchfang hocken
die Spatzen satt und schlafen.

Im Straßenlaternengefunkel
fällt Schnee in großen Flocken.
Er schenkt uns Fensterpolster,
dem Spatzenrauchfang ein Mützchen
und den Autos lautlose Räder.

Und für den alten Christbaum-
engel vom vorigen Jahr
flechten wir neu einen Wollzopf.
Schneid einen silbernen Stern,
den stecken wir ihm ins Haar.

Friedl Hofbauer

Friedl Hofbauer · Anna Melach · Alexander Melach

Spielen wir ein Krippenspiel!

15 Theaterstücke für Kinder

Mit Bildern von Irmtraud Guhe

ANNETTE BETZ

INHALT

ISBN 3-219-1117-3
Alle Rechte vorbehalten
Umschlag und Illustrationen von Irmtraud Guhe
Gesetzt nach der neuen Rechtschreibung
Überarbeitete Neuauflage des Titels
»Die Frösche von Bethlehem«
Copyright © 1996, 2003 by Annette Betz Verlag
im Verlag Carl Ueberreuter, Wien – München
Printed in Austria
1 2 3 4 5 6 7

Annette Betz im Internet: www.annettebetz.com

HIRTENLIED

Alexander Melach

Ein besonderes Bühnenbild oder Requisiten sind nicht erforderlich. Die Texte können gesprochen vorgetragen oder gesungen werden. Als Melodien eignen sich beispielsweise »Befiehl du deine Wege« oder »Es wird schon gleich dumpa«. Vielleicht kennt ihr auch andere Weihnachtslieder, nach deren Melodie man die Strophen singen kann.
Vorschlag für Begleitmusik: Blockflöte.

DARSTELLER
in der Reihenfolge ihres Auftretens

Maria
Josef
Drei oder vier Hirten
Der Erzähler
Der Engel

MARIA Josef, es schneit seit Stunden,
die Dämmerung bricht an.
Wir haben nichts gefunden,
wo ich mich setzen kann.
Mein Kind wird bald geboren,
ich kann nicht weitergehen.
Dort oben, ganz verloren,
ist schon ein Stern zu sehen.

JOSEF Maria, dieser Schein,
der die Schneewolken durchbricht,
er bleibt nicht allein,
denn dort drüben ist Licht!
Maria, das sind Feuer,
die überall entstehen.

MARIA Mir ist das nicht geheuer,
ich will nicht weitergehen!

JOSEF Maria, diese Lichter,
sie flackern nur im Wind
und wärmen die Gesichter
von Hirten, die dort sind.

MARIA Ich fürcht mich vor den Hunden!

JOSEF Die wirst du gar nicht sehen,
weil sie nur ihre Runden
der Wölfe wegen drehen.

MARIA Was war das für ein Schnaufen
und Flüstern neben mir!

JOSEF Kein Grund, gleich wegzulaufen,
das ist ein Herdentier!
Wir sind jetzt unter Ziegen
und Böcken und Schafen.
Das heißt: Bald kannst du liegen
und warm in Decken schlafen.

ERSTER HIRTE Wo wollt ihr hin, ihr Armen!
ZWEITER HIRTE Jetzt trinkt erst einmal das!
DRITTER HIRTE Kommt, setzt euch her zum Warmen –
ZWEITER HIRTE Zu essen gibt's gleich was.
Es kühlt nur etwas aus,
ihr sollt euch doch nicht verbrennen.

JOSEF Ist hier vielleicht ein Haus,
wo wir dann schlafen können?

EIN HIRTE Ein Dach – doch kein Gemäuer.
Wir leben bei der Herde
in Zelten und am Feuer
und schlafen auf der Erde.
Kein Stein liegt auf dem andern …
Doch wenn es euch hier gefällt,
müsst ihr nicht weiterwandern:
Dort steht ein leeres Zelt.

ERZÄHLER Maria und Josef
nehmen Speise und Trank.
Maria und Josef
sagen den Hirten Dank.
Maria und Josef
verschwinden im Zelt.
Da ist plötzlich alles
wie am Tage erhellt.
Ein Engel erscheint den Hirten,
der laut zu ihnen spricht:

ENGEL Freut euch, ihr Verwirrten,
und fürchtet euch nicht!
Ich verkünde euch große Freude:
Da drüben, in einem Zelt,
auf eurer zugeschneiten Weide
kam Jesus zur Welt.

DIE RÄUBER UND DER STERN

Friedl Hofbauer

Vorschläge zum Bühnenbild:
Der Kaktus, aus Pappkarton, verdeckt eine Trittleiter, auf welcher der Stern hinauf-
klettern und von oben leuchten kann (Glitzer-Kopfschmuck, Taschenlampe).
An diesem »Kaktus« werden im Lauf der Handlung die Mäntel der drei Könige
aufgehängt, sodass sie ein begehbares Zelt bilden.

DARSTELLER
in der Reihenfolge ihres Auftretens

Erster Räuber
Zweiter Räuber
Dritter Räuber
Der Stern
Kaspar
Melchior
Balthasar
Maria
Josef

Wüste, ein übermannshoher Kaktus. Es ist gegen Abend.
Der Himmel wird im Lauf der Handlung dunkler.
DIE DREI RÄUBER   *(noch hinter der Szene, singen nach der*
Melodie »Hänschen klein« das Räuberlied. Während der
letzten Zeile treten sie auf.)

    Räuber sein,
    das ist fein,
    wer will nicht ein Räuber sein?
    Schießgewehr, Räuberhut
    stehn dem Räuber gut.

ERSTER RÄUBER   So, da sind wir. Hier bleiben wir. Das
   ist ein guter Platz. Hier müssen sie vorbeikommen.
ZWEITER RÄUBER   Wieso gerade hier?
DRITTER RÄUBER   Der Hauptmann weiß es.
ERSTER RÄUBER   *sucht mit einem Fernrohr den Himmel ab.*
DRITTER RÄUBER   *(betrachtet ihn)* Was suchst du denn
   da oben, Hauptmann?
ERSTER RÄUBER   *winkt stumm ab.*
ZWEITER RÄUBER   Wissen möcht ich, warum die drei
   Könige ausgerechnet hier vorbeikommen sollen!
DRITTER RÄUBER   Der Hauptmann weiß es.
ZWEITER RÄUBER   Und was sucht er am Himmel?
ERSTER RÄUBER   *blickt ihn vernichtend an, schaut wieder*
   durchs Fernrohr.
DRITTER RÄUBER   Keine Ahnung.
ERSTER RÄUBER   *(setzt das Fernrohr ab)* Ruhe! Wenn
   ihr so laut seid, seh ich nichts.
DRITTER RÄUBER   *(zum zweiten)* Ruhe!
ZWEITER RÄUBER   *(zum dritten)* Ruhe!
Sie schweigen.
ERSTER RÄUBER *(das Glas am Auge, deutet mit der Hand)*
   Da kommt er! Das muss er sein. Ja. Einen Schweif
   hat er auch. Das muss er sein. Er kommt direkt auf
   uns zu. In einer Minute ist er über uns. Seht ihr den
   Stern dort, den mit dem Schweif? Den holen wir uns
   jetzt herunter. Der soll die Könige, die ihm nachzie-
   hen, in unsere Falle locken.
Er legt das Fernrohr hin und sucht sein Gewehr.

ZWEITER RÄUBER   *(nimmt das Fernrohr)* Allerhand, ein
   Riesenstern! Mir ist bei so was immer unheimlich. Im-
   mer wenn so ein Riesenstern auftaucht, passiert was.
DRITTER RÄUBER   Du bist mir ein schöner Räuber.
   Zittert vor jeder Sternschnuppe.
ERSTER RÄUBER   Ruhe! *(er zielt)* Ruhe! Irritiert mich
   nicht! Sonst erwisch ich ihn nicht!
Der Stern kommt. Erster Räuber schießt. Der Stern stürzt
ihnen klirrend und sprühend vor die Füße.
DRITTER RÄUBER   Hat ihn schon, der Hauptmann!
ZWEITER RÄUBER   *(der sich versteckt hat, kommt, geht auf*
   den Zehen um den Stern herum) Der lebt ja noch –
ERSTER RÄUBER   Natürlich lebt er. Ich hab ihn ja nicht
   in den Kopf geschossen. Nur ins Bein.
DRITTER RÄUBER   Bewunderungswürdig, diese Treff-
   sicherheit.
ERSTER RÄUBER   *(winkt die beiden Räuber her)* Helft
   ihm aufstehen.
Sie tun es.
ERSTER RÄUBER   *(zum Stern)* Halt dich gerade! Auf-
   recht! *(greift ihm ans Bein, untersucht es)*
DER STERN   Au weh.
ERSTER RÄUBER   Sei nicht so wehleidig. Verbindet ihn!
   (die Räuber tun es) Na – besser?
STERN   Ein bisschen.
ERSTER RÄUBER   Na also. *(zu den Räubern)* Setzt ihn da
   hinauf auf den Kaktus, da soll er sitzen und leuchten.
Die Räuber setzen den Stern auf den Kaktus.
STERN   Das geht nicht. Ich muss weiterfliegen bis
   Bethlehem. Ich darf mich unterwegs nirgends auf-
   halten. Ich muss die Nacht über Bethlehem erhellen,
   sonst findet kein Mensch den Stall mit dem Kind!
ERSTER RÄUBER   Still bist! Keinen Muckser! Da oben
   bleibst du sitzen und leuchtest!
STERN   *(hört gar nicht zu)* Und die Könige! Ich muss
   die drei Könige zum Stall führen! Die verirren sich
   doch sonst in der Wüste!
ERSTER RÄUBER Die Könige lass unsre Sorge sein. Du

bleibst sitzen und leuchtest und lockst sie her. Alles andere geht dich nichts an.

Der Stern sitzt eingeschüchtert auf dem Kaktus und leuchtet.

DRITTER RÄUBER   Woher weißt du denn überhaupt, dass die drei Könige nach Bethlehem wollen, Hauptmann?

ERSTER RÄUBER   Hörst du keine Nachrichten? Außerdem hat ein etablierter Räuberhauptmann seine Spione. So, und jetzt geh einer hin horchen, ob sie schon kommen.

ZWEITER RÄUBER   *(legt Ohr an den Boden)* Ich hör nichts!

ERSTER RÄUBER   Wissen möcht ich, wozu ich dich unter die Räuber aufgenommen hab. Nicht einmal hören kann er, ob ein Gold- und Myrrhentransport kommt! *(zum dritten Räuber)* Hör du!

DRITTER RÄUBER   *(Ohr am Boden)* Ruhe!

Der Stern wimmert leise und reibt sich das Bein.

DRITTER RÄUBER   Ich hör schon was! Das sind aber keine Kameltritte. Und auch keine Esel. Das sind nur ein paar Leute, die zu Fuß gehen. Keine Karawane. Aber die Könige könnten es sein. Sie stapfen so königlich.

DRITTER RÄUBER   Ich finde das unheimlich. Erst kommt ein Riesenstern, der reden kann, und dann drei Könige ohne Karawane – da ist was nicht richtig. Vielleicht geht die Welt unter.

ERSTER RÄUBER   Alles Tarnung.

ZWEITER RÄUBER   Das sollen Könige sein? Ohne Kronen?

DRITTER RÄUBER   Alles Tarnung. Die haben genug in ihrem Reisebeutel. Sie verstecken ihren Reichtum, damit keine Räuber drauf aufmerksam werden. Aber wir haben eben unsere Informationen!

ERSTER RÄUBER   In Ordnung, versteckt euch! *(zum Stern)* Und du – du leuchtest, so hell du kannst, verstanden? Und eins sag ich dir: Wenn du die Könige warnst, schieß ich dich noch einmal herunter. Aber dann gründlich.

Dann kannst du bestimmt nicht mehr die Nacht über Bethlehem erleuchten.

DRITTER RÄUBER   *(zum Stern)* Tu, was er sagt. Wenn erst die Könige ausgeraubt sind, hat er, was er will, und braucht dich nicht mehr. Dann lässt er dich schon weiterfliegen.

Stern leuchtet.

ZWEITER RÄUBER   Sie kommen näher!

ERSTER RÄUBER   Wie viele sind es?

ZWEITER RÄUBER   Drei. Einer davon ist ein Schwarzer.

ERSTER RÄUBER   Dann sind sie es. Schnell, versteckt euch. *(zum Stern)* Und du leuchte! Und keinen Mucks! Sonst … *(alle drei Räuber ab hinter den Kaktus).*

Die drei Könige kommen und bleiben stehen.

KASPAR   Da ist er stehen geblieben.

MELCHIOR   Wirklich! Hier muss es sein.

BALTHASAR   Da ist aber nirgends ein Stall.

KASPAR   Aber der Stern ist stehen geblieben! So wie es verkündet wurde. Ein Stern mit einem langen Schweif wird euch zu einem Stall führen, in welchem das Kind liegt.

BALTHASAR   Ich sehe aber nirgends einen Stall.

MELCHIOR   Ich bin müde. Wir könnten eine kleine Rast einschalten.

BALTHASAR   Und ich sag euch – wenn ich's richtig deute – der Stern meint, wir könnten uns hier ein bisschen ausruhen.

STERN   (auf dem Kaktus)   Nein! Nein! Flieht, Könige! Flieht, ihr Heiligen Drei Könige! Räuber wollen euch überfallen!

ERSTER RÄUBER   Na warte, du Hundsstern! *(schießt ihn herunter. Der Stern fällt hinter den Kaktus und bleibt dort mucksmäuschenstill liegen.)*

Die Könige sind erschrocken aufgefahren.

ERSTER RÄUBER   Das ist ein Überfall! Her mit dem Gold!

ZWEITER RÄUBER   Her mit der Myrrhe und den Spezereien!

DRITTER RÄUBER   Her mit dem Weihrauch!

Überfall. Aus den Reisesäcken der Könige fallen die genannten Dinge sowie drei Kronen heraus.

Alle drei Räuber mit ihrer Beute ab.

KASPAR   *(fassungslos)* Aber der Stern –

MELCHIOR   Der ist untergegangen. Oder siehst du ihn irgendwo?

BALTHASAR   Sei still, Bruder König. Es war nur eine Falle. Eine Räuberfalle. Der Stern kann nicht untergegangen sein.

MELCHIOR   Alles ausgeraubt. Was sollen wir jetzt dem Kind bringen, nach Bethlehem. Gold, Weihrauch und Myrrhe. Alles weg.

KASPAR   Die Frage ist, was sollen wir dort überhaupt noch. Wir können dem Kind ja doch nichts bringen. Am besten, wir kehren wieder um.

BALTHASAR   Also, ich seh das eigentlich anders.

MELCHIOR   Du hast Recht, Kaspar, wir müssen umkehren. Der Stern ist ja auch weg. Ohne den Stern finden wir nicht durch die Wüste nach Bethlehem.

BALTHASAR   Wir könnten ja irgendwen fragen.

MELCHIOR   Wen denn? Einen Skorpion?

BALTHASAR   Das ist eine unweise Frage, Bruder Melchior. Wir könnten den Stern fragen.

MELCHIOR   Ich sag dir doch, der ist untergegangen!

BALTHASAR   Das glaub ich nicht.

KASPAR   Ich glaube es. Oder siehst du ihn vielleicht irgendwo? *(horcht plötzlich auf)* Da weint jemand.

MELCHIOR   Ich höre auch was.

STERN   *(leise)* Hilfe! Hilfe!

BALTHASAR   Es ist der Stern. *(hat ihn entdeckt und hilft ihm hervor)* Ja, du lieber Himmelsstern, wie kommst denn du da hinter den Kaktus!

STERN   Die Räuber haben mich heruntergeschossen!

KASPAR   *(kopfschüttelnd, zornig)* Jetzt schießen sie schon auf Sterne! Das kann nur bedeuten, dass die Welt bald untergeht!

STERN   Sie müssen ja irgendwann einmal vorbeikommen.

BALTHASAR   Wer?

STERN   Josef und Maria. Ich muss unbedingt nach Bethlehem! Sonst finden sie den Stall womöglich nicht. Es ist ja finstere Nacht! Ich muss sofort nach Bethlehem! Habt ihr denn kein Kamel, keinen Esel? Wo ist denn euer ganzes Gefolge?

KASPAR   Der Balthasar hat eine Eingebung gehabt, wir sollen alles zurücklassen, die Kamele und das ganze Gefolge, damit das Kind nicht erschrickt, wenn wir mit so viel Prunk und Geklingel daherkommen.

STERN   Aha.

BALTHASAR   Und ihr habt mitgemacht. Ihr habt das nämlich auch sehr gescheit gefunden.

KASPAR   Stimmt. Nur ein wenig Gold und Myrrhe und Weihrauch und ein paar andere Kleinigkeiten haben wir eingepackt. Und jeder seine Krone natürlich, damit das Kind sieht, dass sogar Könige zu seinen Füßen liegen.

MELCHIOR   Aber das haben jetzt alles die Räuber. Wir haben gar nichts.

STERN   Gebt mir ein einziges Kamel! Ich muss nach Bethlehem! Aber ich kann nicht mehr fliegen!

KASPAR   Balthasar, was tun wir! Kannst du nicht wieder eine Eingebung haben?

BALTHASAR   Jetzt bist du dran, Bruder Kaspar.

KASPAR   Also, ich weiß nicht. Ich muss nachdenken. *(denkt nach)* Halt, ich hab's! Also, wir machen uns jetzt gleich wieder auf den Weg nach Bethlehem und fragen den Stern, wie wir hinkommen.

MELCHIOR   Wollt ihr den armen Stern hier allein lassen?

KASPAR   Aber nein! Den können wir doch tragen. Wir tragen ihn und er sagt uns den Weg.

Die drei Könige heben den Stern auf und tragen ihn ein Stück. Er wird ihnen zu schwer.

BALTHASAR   Es geht nicht. Ich bin ein alter Mann. Ich kann keinen Stern tragen.

KASPAR   Also, ehrlich gesagt, ich auch nicht.

MELCHIOR   Ich auch nicht.

STERN   Ich muss nach Bethlehem! Ich muss nach Bethlehem! Josef und Maria sind unterwegs und suchen den Stall, über dem der Stern steht, damit dort das Kind zur Welt kommen kann!

MELCHIOR   Ich hab's. Mir ist was eingefallen. Wenn die beiden vorüberkommen, sagen wir ihnen, was passiert ist. Der Josef ist ein Zimmermann und das sind starke Leute. Er kann sehr wohl einen Stern tragen. Du sagst ihm den Weg und wir gehn alle miteinander hin.

STERN   Vielleicht – vielleicht – da kommt jemand! *(richtet sich auf)*
Da kommen sie – Josef und Maria.

MARIA   Da ist ja der Stern, da ist ja der Stern!

JOSEF   Aber kein Stall ist in der Nähe! Wir müssen weiter!

MARIA   Ich kann aber nicht mehr weiter!

BALTHASAR   Steht irgendwo geschrieben, dass es ein Stall sein muss? Irgendein Obdach genügt wohl! Mit ein bisschen gutem Willen ist überall Bethlehem! Gebt eure Mäntel her, wir bauen dem Kind ein Zelt.

Sie tun es. Die Mäntel werden aufgehängt, der Kaktus dient als Stütze. Maria und Josef gehen hinein.

JOSEF   Habt Dank, ihr guten Weisen.

DER STERN   *(klettert auf den Kaktus und leuchtet von der Zeltspitze herunter)*
Ich fühl mich wieder ganz frisch und munter!
Das ist ein richtiges Weihnachtswunder!

DIE DREI KÖNIGE   *(singen)*
Maria durch den Dornwald ging.
Kyrie eleison.
Als Maria durch den Dornwald ging,
da haben die Dornen Rosen getragen.
Kyrie eleison.
Was trug Maria unter ihrem Herzen?
Kyrie eleison.
Ein kleines Kindlein ohne Schmerzen,
das trug Maria unter ihrem Herzen.
Kyrie eleison.

Josef kommt aus dem Zelt und schlägt die Vorhänge zurück. Innen liegt das Kind auf der Mutter Schoß. Die Könige gucken hinein. Dann singen sie weiter:
Maria durch den Dornwald ging.
Kyrie eleison.
Als Maria durch den Dornwald ging,
da haben die Dornen Rosen getragen.
Kyrie eleison.

Schneemannweihnacht

Friedl Hofbauer

Vorschlag zur Bühnengestaltung und zu Kostümen:
Ein paar Tannen- und Fichtenbäume aus Pappkarton oder Kinder, die Bäume
darstellen (stumme Rollen). Anfangs noch kein Schnee. Die Schneeflocken
können dann glitzernde Papierschnitzel streuen, einige bringen weiße Tücher
und breiten sie aus.
Die abnehmbare Schneemannnase ist eine karottenrot gefärbte Papiertüte mit
Gummizug, ähnlich die Fichtenzapfen- und Eiszapfennasen.

DARSTELLER
in der Reihenfolge ihres Auftretens

Erzähler
Hase
Schneemann
Eichhörnchen
Mehrere Schneeflocken
Der Winterwind
Maria
Josef
Eine Krähe
Zwei bis drei Knechte des Herodes

ERZÄHLER Die Sterne glitzern weiß und kalt.
Ein Schneemann steht im Winterwald
mit seiner roten Nase.
Da kommt ein kleiner Hase.

HASE Hunger! Hunger! Ich hab solchen Hunger! *(sieht den Schneemann)* Aaahhh! Eine Rübe! *(greift hin)* Schenk mir deine Nase, Schneemann!

SCHNEEMANN *(schubst den Hasen weg)* Bist du übergeschnappt? Die brauch ich doch!

HASE Wozu brauchst du eine Rübe? Schneemänner essen keine Rüben!

Der Hase schnappt sich die Rübennase, beißt sich knackend ein Stück ab und rennt mit der angebissenen Rübe ab.

SCHNEEMANN He! Gib mir meine Nase zurück! *(Kleine Pause. Er reibt sich nachdenklich die Stelle, wo seine Nase war.)* Na ja, aber wenn ein Hase solchen Hunger hat … *(er ruft dem Hasen nach)* Behalt sie nur! Ich such mir eine andere Nase!
(Der Schneemann sieht sich suchend um und erblickt einen Fichtenzapfen auf dem Waldboden.) Aaah – da ist sie ja schon, meine neue Nase. *(bückt sich und steckt sich den Fichtenzapfen als neue Nase ins Gesicht. Er rückt sie zurecht. Sie gefällt ihm. Zufrieden.)* Sehr angenehm, so eine Fichtenzapfennase. Viel leichter als eine Karotte. Sehr angenehm.

EICHHÖRNCHEN *(kommt gehuscht)* Hunger! Hunger! Ich hab solchen Hunger! *(scharrt im Schnee)*

SCHNEEMANN *(zum Eichhörnchen)* Suchst du deine Nüsse?

EICHHÖRNCHEN Ja! *(scharrt emsig)*

SCHNEEMANN Die haben sich doch schon längst die Krähen geholt!

EICHHÖRNCHEN *(scharrt)* Was? Meine Nüsse? Und ich? *(schaut hoch, sieht die Fichtenzapfennase)* Ah! Deine Nase! Die kann ich ja auch essen!

Das Eichhörnchen schnappt sich die Zapfennase und beißt gierig hinein.

SCHNEEMANN Bist du übergeschnappt? Gib mir sofort meine Nase zurück!

EICHHÖRNCHEN *(knabbert weiter)* Wozu brauchst du eine Fichtenzapfennase? Schneemänner essen keine Fichtenzapfen. *(rennt mit dem Zapfen ab)*

SCHNEEMANN He – gib mir meine Nase zurück! Ich brauch eine Nase! Sonst kann ich nicht schnuppern, ob es schon nach Weihnachten riecht! *(schnuppert, reibt sich die Stelle, wo seine Fichtenzapfennase war)* Na ja – aber wenn ein Eichhörnchen solchen Hunger hat … *(ruft dem Eichhörnchen nach)* Du kannst meine Nase behalten! *(nach einer kleinen Pause)* Ich brauch unbedingt eine neue Nase. *(sucht. An einem Baumast hängt ein Eiszapfen.)* Ah, da hängt ja ein Eiszapfen! *(bricht den Eiszapfen ab und setzt ihn sich als Nase ins Gesicht)* So. Sehr angenehm, so eine Eiszapfennase. Die wird mir doch keiner wegessen. *(schnuppert)* Oh, ah – ich glaub, es riecht *(schnuppert)* schon ein bisschen nach Weihnachtsschnee …

Schneeflocken kommen tanzend.

SCHNEEMANN Seid ihr schon der Weihnachtsschnee?

SCHNEEFLOCKEN Wir kommen direkt aus Weihnachten.
Leise, leise, auf der Reise
ist es schon, das kleine Kind.

WINTERWIND *(kommt)* Hui, hui, hui … *(saust herum)*

SCHNEEFLOCKEN Doch im Wald ist es kalt,
eisig bläst der Winterwind.

WINTERWIND *(saust herum)* Hui, hui, hui!

SCHNEEMANN *(hält seine Eiszapfennase fest)* He, blas mir nicht die Nase weg!
Verschwinde, Wind, verschwinde!

WINTERWIND Hui, hui, huiiii! *(ab)*

HASE UND EICHHÖRNCHEN *(kommen frierend daher. Der Hase hat noch ein Stück Rübe in der Pfote, das Eichhörnchen ein Stück Fichtenzapfen.)*
Hu – huuuu!
Hu – huuuu!

SCHNEEMANN Hallo! Da seid ihr ja wieder! *(zum Hasen)*

Du hast meine Rübennase ja gar nicht aufgegessen? *(zum Eichhörnchen)* Und du hast meine Fichtenzapfennase nicht aufgegessen? Habt ihr keinen Hunger mehr?

BEIDE   Und was für einen! Aber es ist viel zu kalt zum Essen. Wir können ja nicht mehr beißen und knabbern, weil uns die Zähne vor Kälte klappern! Huuuuu … *(sie zittern)*

SCHNEEMANN   Da muss etwas geschehen. Da werden wir gleich Feuer machen. *(zupft sich die Kohlenknöpfe vom Bauch und legt sie zu einem Häufchen auf dem Boden)* So … zum Glück hab ich immer ein Streichholz bei mir.

HASE   Was? Ein Schneemann mit Streichhölzern?

SCHNEEMANN   Ja, warum denn nicht? Es könnte ja einmal ein Christbaum vorbeikommen, dem die Kerzen ausgegangen sind. *(zieht eine große Stablampe mit einer roten Glühbirne hervor)* So. *(knipst sie an und legt sie zu den Kohlen, die jetzt glutrot schimmern)*

Hase und Eichhörnchen hocken sich, noch immer vor Kälte zitternd, ans Feuer.

SCHNEEMANN   So. Und jetzt werden wir uns eine gute Suppe kochen. *(nimmt seinen blauen Kochtopfhut ab und stellt ihn aufs Feuer. Zu den Schneeflocken)* Schneit ein bisschen hinein, damit wir für die Suppe Wasser haben.

SCHNEEFLOCKEN   *(laufen herbei und lassen Papierschnitzelschnee in den Topf rieseln)*

HASE   Und ich werf meinen Rest Karotte hinein, das wird eine herrliche Suppe. *(tut es)*

EICHHÖRNCHEN   Und ich leg meinen Zapfen auf die Kohlen, damit es besser brennt. *(tut es)* Hört ihr, wie es knistert?

Alle sitzen still. Man hört anheimelndes Feuerknistern. Dann werden stapfende Schritte und leises Reden hörbar. Kurz schreit ein kleines Kind.

HASE   *(ängstlich)* Was ist das?

EICHHÖRNCHEN   *(ebenso)* Was ist das?

SCHNEEMANN   Pst!

(Alle horchen. Die Schritte und Stimmen werden lauter. Dann erscheinen Josef und Maria mit dem Kind im Arm.)

SCHNEEMANN, HASE UND EICHHÖRNCHEN   *(nacheinander)* Ja, wer kommt denn da? Wer kommt denn da? Wer kommt denn da?

MARIA   Bitte schickt uns nicht weg! Wir sind schon so müde.

JOSEF   Wir sind heute schon seit ganz frühmorgens gewandert, aber hier ist es überall so kalt.

MARIA   Und niemand erbarmt sich und nimmt uns in sein Haus auf.

SCHNEEMANN   Kommt nur, kommt nur, ihr Leute. Setzt euch ans Feuer und wärmt euch. Die Suppe ist bald fertig.

Die Familie setzt sich ans Feuer.

SCHNEEMANN   *(zu den Schneeflocken)* Tanzt ihnen ein bisschen was vor, bis die Suppe fertig ist.

Schneeflockentanz.

Plötzlich Krähengekrächze, das immer lauter wird. Eine Krähe erscheint mit Gekrächze und Flügelgeflatter.

KRÄHE   Die Knechte des Herodes kommen! Sie werden bald da sein! Krah, krah! Sie wandern schon den Berg herauf!

MARIA   Ach Gott! Ach, mein Gott! *(Sie drückt das Kind an sich.)*

Josef steht auf.

JOSEF *(sanft zu Maria)*   Komm, wir müssen weiter.

Maria steht auch auf.

SCHNEEMANN   Wo wollt ihr denn hin?

MARIA   Wir müssen weiter! Herodes wird sonst unser kleines Kind umbringen und uns wahrscheinlich auch!

SCHNEEMANN   So geht das nicht. Ihr könnt nicht so schnell laufen. Und die Knechte sind stärker und bestimmt nicht hungrig. Ich weiß was Besseres. Habt nur Vertrauen zu mir.

JOSEF   Aber du bist doch nur ein Schneemann!

MARIA   Weißt du, Josef, vielleicht kann er uns doch helfen.

SCHNEEMANN   (*beschwörerisch*) Ich bin nur ein Schneemann, aber ich bin aus Sternen gemacht. Mit den Knechten werd ich schon fertig!

Man hört die Knechte kommen.

SCHNEEMANN   Schnell, versteckt euch alle hinter mir. Ich bin ja ganz schön dick.

ERSTER KNECHT   Du, Schneemann, hast du vielleicht Leute mit einem neugeborenen Kind gesehen? Sind da welche vorbeigekommen?

ZWEITER KNECHT   Geh, das ist doch nur ein dummer Schneemann. Wie soll der das wissen!

Schneemann schweigt und stellt sich dumm. Der Knecht stößt ihn um. Der Schneemann fällt auf die Familie. Die Knechte gehen suchend um ihn herum, aber die Gesuchten sind vom Schneemann und von den um die Knechte herumtanzenden Schneeflocken verdeckt. Knechte bald ab.

ERSTER KNECHT   (*zum andern*) Komm schon, hier sind sie nicht! (*beide ab*)

SCHNEEMANN   (*rappelt sich auf*) He – ihr, die Gefahr ist vorbei! Die Knechte vom Herodes sind schon weg!

SCHNEEFLOCKEN   (*die um die Familie herumgetanzt sind, öffnen ihren Reigen*) Pst! Sie schlafen!

Sichtbar wird eine schlummernde Familie, dazu kuscheln sich Hase und Eichhörnchen.

SCHNEEMANN   (*zu den Schneeflocken*) Deckt sie wieder zu, damit sie nicht frieren und damit die Knechte vom Herodes sie nicht finden.

KRÄHE   Ich bin eine arme, frierende Kräh'
und suche gerne Menschennäh'. (*kuschelt sich auch dazu*)

Die Schneeflocken bewegen sich langsamer und decken alles zu. Leise Musik.

SCHNEEMANN   (*setzt sich den Kochtopf wieder auf, stellt sich neben dem Schneehügel wie ein Wächter auf*)

ERZÄHLER   Herodes' Knechte sind frech und verrucht
und die Armen sind stets auf der Flucht.
Aber der Schnee ist aus Sternen gemacht.
Ich wünsch euch eine gute Nacht.

ADVENT-WEIHNACHTSSPIEL

Friedl Hofbauer

Dieses Fingerspiel kann von einem oder mehreren Kindern oder Erwachsenen gespielt werden. Man braucht dazu mindestens zwei Hände.

DIE 4 KERZEN werden je nach Text durch den aufgestellten Daumen, dann Zeigefinger, Mittelfinger und Ringfinger einer Hand dargestellt. Sind mehr Kinder vorhanden, kann man auch vier Daumen aufstellen.

Nach ihrem Verlöschen verschwinden die Kerzen und man hat die Hand frei für das Christkind.

DAS CHRISTKIND braucht eine ganze Hand. Hochgestellter Zeigefinger, die beiden »Arme« des Christkinds sind gestreckter Mittelfinger und Daumen. Man kann dem Christkind ein Hemd aus Papier oder Stoff anziehen, ein Gesicht auf den Zeigefinger malen und ihm sogar einen Kopfschmuck aufsetzen. Erfahrungsgemäß reicht aber die Fantasie der Kinder völlig aus.

DIE LEUTE sind eine zweite Hand (oder, wenn man will, auch mehrere Hände), die mit dem Rücken nach oben gehalten wird. Die nach unten gehaltenen Finger krabbeln und laufen eilig, sobald jeweils ihr Stichwort fällt, und verhalten sich ruhig, sobald der andere Text gesprochen wird. Sie verschwinden, sobald das Christkind den Stern ruft. Die Hand, die die »Leute« spielt, verwandelt sich also, sobald das Christkind ruft, in den Weihnachtsstern.

DER WEIHNACHTSSTERN ist die gespreizte zweite Hand mit hochgehaltenem Arm. Selbstverständlich kann man die Rollen auf mehrere Personen und Hände verteilen, aber an sich genügt ein einziger Spieler.

Man kann aber auch die Rollen mit Kindern besetzen und das Fingerspiel als kleines Theaterstück spielen.

ERZÄHLER Wenn im Advent
das erste Kerzlein brennt,
was tun die Leute?
Sie laufen, laufen, laufen
und kaufen, kaufen, kaufen.

Wenn im Advent
das zweite Kerzlein brennt,
was tun die Leute?
Sie laufen, laufen, laufen
und kaufen, kaufen, kaufen.

Wenn im Advent
das dritte Kerzlein brennt,
was tun die Leute?
Sie laufen, laufen, laufen
und kaufen, kaufen, kaufen.

Wenn im Advent
das vierte Kerzlein brennt,
was tun die Leute?
Sie laufen, laufen, laufen
und kaufen, kaufen, kaufen.

Nun brennen alle:
1, 2, 3, 4 –
bald steht das Christkind vor der Tür,
klopft an und fragt:

CHRISTKIND Ist niemand zu Haus?

KERZEN Nur wir,
ERZÄHLER sagen die Kerzlein, die vier
und löschen aus.
Das Christkind aber
wird traurig und spricht:

CHRISTKIND In diesem Land
braucht man mich nicht,
wo die Leute nur laufen und laufen
und kaufen, kaufen, kaufen.
Ich fang noch einmal von vorne an.
Komm, Hand, sei ein Stern.
Weihnachtsstern,
geh mir voran!
Wo ist ein Stall? Dass Gott erbarm,
wo haben es Menschen kalt und nicht warm?
Wo haben sie Hunger und kein Brot?
Wo haben sie Krieg und nichts als Not?
Dort geh ich hin – komm, Weihnachtsstern!
Hier braucht uns doch keiner!

WEIHNACHTSSTERN Ich leuchte gern.
Sie gehen beide ab.

25

WAR DAS VIELLEICHT DER WEIHNACHTSMANN?

Anna Melach

Bühnenbild:
winterlich-weihnachtlicher Park, in der Mitte eine Parkbank, kahle Bäume, evtl.
ein Vogelhäuschen, ein Christbaum mit elektrischen Kerzen, wie in Parks üblich,
evtl. Schnee, ein Schneemann …
Zeit: 24. Dezember, nachmittags.

DARSTELLER

Alter Mann mit auffallend dicker
   roter Backe, Glatze und Stock
Kinder (mind. zwei, auch mehr,
   stumme und ganz kurze Rollen)
Kind
Mutter

Die Bühne ist leer. Der alte Mann kommt langsam von einer Seite. Man soll seine dicke Backe erkennen.

MANN Puh, bin ich müde! Es ist noch genug Zeit bis zum Abend, bis zur Weihnachtsfeier. Ich kann mich ruhig noch ein wenig niedersetzen! *(setzt sich umständlich auf die Bank, seufzt wohlig)* Ah! Ich freu mich wie ein Kind auf den Heiligen Abend!

KINDER *(kommen angeschlichen, kichern und wispern, aber gut hörbar)* Schaut euch den Glatzköpfigen an! Seine Backe ist ganz aufgeblasen! Wie ein Luftballon!

MANN Seid still!

KINDER *(singen spottend)* Luftballon, Luftballon! Fliegt davon! Fliegt davon!

MANN *(ärgerlich)* Seid still! Hört auf! Sonst … *(richtet sich auf)*

KINDER *(singen lachend weiter)* Luftballon! Luftballon! Fliegt davon, fliegt davon!

MANN *(zornig)* Hört doch auf! Aufhören, sag ich, ihr Fratzen! *(fuchtelt drohend mit seinem Stock in Richtung Kinder)*

KINDER Sie erwischen uns ja doch nicht! Luftballon! Luftballon! *(laufen lachend weg)*

MANN *(setzt sich wieder auf die Bank, traurig)* Immer werd ich gleich wütend. Ich will doch gar nicht wütend werden, noch dazu gegen Kinder. Sie meinen es ja nicht böse. Sie sind halt übermütig. *(seufzt)* Das Ausgespottetwerden ist ja nicht das Schlimmste …

Eine oder mehrere erwachsene Personen gehen von einer Seite zur anderen über die Bühne und sehen dabei demonstrativ nicht zu dem Mann hin.

MANN … viel schlimmer ist es, wenn die Leute wegschauen. Oder wenn sie so tun, als hätte ich gar keine hässliche dicke Backe.

Eine oder mehrere Personen (andere, zumindest andere Kleidung) gehen wie vorher über die Bühne, schauen weg.

Mutter und Kind kommen.

KIND *(läuft auf den Mann zu)* Mama, der Mann schaut aus wie der Opa! Er hat auch so lange weiße Locken um die Glatze herum. *(zu dem Mann)* Hallo! Servus!

MANN *(freundlich)* Servus, Kleiner! *(lächelt)*

MUTTER Guten Tag. *(zum Kind)* Komm, Felix, gehn wir weiter!

KIND *(lacht den Mann an)* Musst du auch spazieren gehen, bis der Christbaum fertig ist?

MANN *(lächelnd)* Ich geh gern ein bisschen spazieren.

Kind Ich auch, aber heute würde ich lieber zu Hause bleiben. Warum hast du eine so große, rote Backe?

MUTTER Pst, so was fragt man nicht.

MANN Lassen Sie ihn doch fragen.

KIND Tut die Backe weh?

MANN Manchmal schon. Aber jetzt nicht.

KIND Aber warum ist sie so groß? Ich weiß schon! Du bist der Weihnachtsmann und deine Backe ist angeschwollen, weil der Wind so stark geblasen hat, wie du mit deinem Schlitten vom Himmel heruntergefahren bist. Die ganze Fahrt bis zur Erde hat der Wind von einer Seite geblasen und davon ist deine Backe rot und dick geworden. Wie beim Papa, der hat einmal einen steifen Hals gekriegt, weil es im Auto von einer Seite gezogen hat. Weil das Fenster die ganze Zeit offen war.

MANN Wieso glaubst du, dass ich der Weihnachtsmann bin?

KIND Du hast so weiße Locken um deine Glatze.

MANN Hat der Weihnachtsmann eine Glatze?

KIND Weiß ich nicht. Er hat doch immer eine Mütze auf.

MANN Aber ich hab ja keinen Bart und keinen roten Mantel.

KIND Macht nichts. Ich erkenn dich trotzdem. Deine Backe schaut toll aus. Wie ein roter Luftballon!

MANN *(freundlich)* Toll? Wie ein Luftballon?

KIND *(nickt)* Ja!

MANN Warte. *(sucht in seiner Manteltasche)* Magst du einen Luftballon?

KIND   Ja, gern!

Mann zieht aus seiner Tasche einen Luftballon – der muss nicht rot sein –, bläst ihn auf und reicht ihn dem Kind. Es nimmt ihn.

KIND   Danke!

MUTTER   Komm jetzt endlich!

KIND   Ist der Christbaum schon fertig? *(zu dem Mann)* Auf Wiedersehen, Weihnachtsmann!

MUTTER   *(zu dem Mann)* Auf Wiedersehen.

MANN   Auf Wiedersehen und schönes Fest! *(Kind mit Mutter ab, Mann sieht ihnen nach)*

Es wird langsam dunkel. Ein Weihnachtslied klingt auf.

SPIELEN WIR EIN KRIPPENSPIEL!

Anna Melach

Bühnenbild: Wohnzimmer, weihnachtlich geschmückt, Sitzecke, Esstisch (der kann, wenn die Bühne sehr klein ist, im Hintergrund in einem Eck stehen), ein sehr kleiner Christbaum im Topf mit selbst gebastelten Papierfransen geschmückt, mit brennenden Kerzen, ein Spielemagazin liegt herum, Kerzen, evtl. ein Keksteller usw.)
Zeit: Heiliger Abend, abends

DARSTELLER

Mutter
Vater
Jasmin (ca. 14 Jahre)
Thomas (ca. 8–10 Jahre)
Monika (ca. 6 Jahre)
Großmutter

Alle Personen sind zu Spielbeginn auf der Bühne verteilt.

VATER   Also, wo sind die Würfel?

THOMAS   *(kramt in der Schachtel)* Moni, du hast die Spiele in der Schule mitgehabt!

MONIKA   Aber als ich sie zurückgebracht habe, waren die Würfel noch da! Ehrlich! Jasmin hat neulich …

JASMIN   Nein, wir haben Schach gespielt, da braucht man keine Würfel.

THOMAS   Papa, du hast doch neulich …

VATER   *(ausweichend)* Wir müssen ja nicht ausgerechnet zu Weihnachten Mensch-ärgere-dich-nicht spielen.

MONIKA   Genau, sonst ärgert sich der Thomas wieder.

THOMAS   Ich ärgere mich nie. Du kannst nicht verlieren!

MUTTER   Kinder, Ruhe, bitte!

JASMIN   Wir könnten doch etwas singen …

GROSSMUTTER   Aber ohne mich, ich bin hoffnungslos heiser.

MUTTER   Das geht nicht, du bist die Einzige, die die Stimme halten kann.

GROSSMUTTER   Schön, ich werde mitkrächzen.

VATER   Thomas, hol dein Liederbuch!

THOMAS   Oje, das ist in der Schule.

Vater öffnet den Mund um wütend etwas zu sagen.

JASMIN   *(schnell)* Dann singen wir halt nicht. Immer nur die erste Strophe, und die nur halb, das ist fad.

MONIKA   Wir könnten ja eine Strophe »lalala« singen und eine »lololo« …

THOMAS   Das ist wieder einmal eine Super-Moni-Idee!

VATER   *(ärgerlich)* Das kommt von eurer neumodischen Idee, Weihnachten ohne Geschenke zu feiern. Sonst hätten die Kinder etwas zum Spielen und wir könnten in Ruhe …

JASMIN   Also, ich finde es toll, dass wir nicht mitmachen bei dieser Weihnachtsgeschäftemacherei. Wir müssen uns halt etwas Besonderes einfallen lassen!

MUTTER   Aber was?

VATER   *(ärgerlich)* Das hättet ihr euch eben früher überlegen müssen.

JASMIN   *(seufzend)* Du verstehst überhaupt nichts! Wir sollen alle gemeinsam etwas finden.

GROSSMUTTER   In meiner Kindheit haben wir manchmal Theater gespielt, ohne Textbuch, einfach nur so …

MONIKA   Ja, spielen wir Theater! Spielen wir ein Krippenspiel! Und ich spiele ein Schaf oder ein Kamel. Nicht so ein langweiliges Hirtenmädchen wie in der Schule.

THOMAS   Ein Kamel – das passt zu dir!

MUTTER   *(wirft Thomas einen drohenden Blick zu, sagt zu Monika)* Willst du nicht lieber den Engel spielen?

MONIKA   Aber nein. Der Engel ist natürlich die Oma. Und Mama und Papa sind Maria und Josef. Und meine Babypuppe ist das Jesuskind.

THOMAS   Und ich bin der Wirt. Und die Jasmin ist die böse Wirtin. Das passt zu ihr, weil sie so gut schimpfen kann.

JASMIN   Sehr witzig.

THOMAS   Hier *(zeigt auf die Sitzecke)* ist die Wirtsstube. Und dort, beim Esstisch, *(zeigt hin)* ist der Stall.

MONIKA   Ich bin der Esel im Stall. *(kriecht, für die Zuschauer sichtbar, unter den Tisch)*

THOMAS   Ich dachte, du bist ein Kamel? Jetzt bist du plötzlich ein Esel?

MONIKA   Ja, der kommt früher dran.

THOMAS   *(zuckt die Achseln)* Meinetwegen. Also, die Eltern gehen am besten hinaus und klopfen an die Tür, von außen.

Vater und Mutter gehen in Richtung Tür.

MONIKA   *(kriecht unter dem Tisch hervor)* Halt! Wir brauchen noch Kostüme!

THOMAS   Ja, wartet. *(läuft hinaus)*

VATER   Wie? Was? *(reibt sich das Kinn)* Ach, so, natürlich …

THOMAS *(kommt mit einem Stoß Kleidung zurück)*

Da – der Bademantel ist für den Josef (reicht Vater den Bademantel, dieser zieht ihn umständlich an, während Thomas weiterspricht), die Maria kriegt einen blauen Mantel (reicht der Mutter eine blaue Bettdecke)

JASMIN   He, das ist ja meine Bettdecke!

THOMAS   Macht nichts, die ist so schön marienmantelblau.

Jasmin nickt zustimmend.

Mutter probiert umständlich, die Decke als Mantel überzuhängen, während Thomas weiterspricht.

THOMAS   Ich bekomme eine Wirtsschürze und du (zu Jasmin) ein Kopftuch. Das genügt. (reicht Jasmin ein Kopftuch und bindet sich selbst eine Schürze um)

JASMIN   Damit schau ich unmöglich aus! (wehrt ab)

THOMAS   (grinst) Als Wirtin bist du unmöglich!

JASMIN   (seufzt) Na schön. (bindet sich das Kopftuch um, während sie und Thomas weitersprechen, grimmig) Ihr werdet sehen, wie unmöglich ich bin!

THOMAS   Moni, für dich hab ich nichts gefunden.

MONIKA   Ich brauch kein Kostüm. Aber die Oma –

Großmutter nimmt sich eine brennende Kerze vom Christbaum und setzt sich aufs Sofa. Monika kriecht wieder unter den Tisch. Kleine Pause.

THOMAS   Also, die Eltern gehen hinaus … und klopfen … und dann …

Mutter und Vater gehen zur Tür.

Großmutter summt die Melodie des Weihnachtsliedes »Wer klopfet an«.

MUTTER   Ah, sehr gut! Fangen wir mit diesem Lied an. Singen wir es mit verteilten Rollen und dann wird uns schon was einfallen.

Mutter und Vater gehen hinaus und schließen die Tür von außen. Die Tür muss nicht sichtbar sein, es kann einfach der Bühnenseiteneingang sein.

THOMAS   (ruft) Ihr könnt schon anklopfen!

Es klopft.

THOMAS   (singend, sehr tief und laut und theatralisch, es kann ruhig ein bisschen komisch wirken, er spielt seine Wirtsrolle sehr übertrieben) Wer klopfet an?

MUTTER   (von außerhalb der Bühne, falsch singend) Zwei a-a-a-rme, a-a-rme, zwei arme – ich find den Ton nicht. Oma, komm heraus und sing mit!

GROSSMUTTER   Der Engel kann ruhig mitsingen! (geht mit der Kerze ab)

THOMAS   Also noch einmal. (singend, wie oben) Wer klopfet an?

GROSSMUTTER UND MUTTER   (von außen, singend) Zwei arme, a-a-ar-me Leut!

THOMAS   (wie oben)   Was wollt ihr hier?

GROSSMUTTER UND MUTTER   (singend) Oh, gebt uns He-er-be-erg heut!

JASMIN   (geht zur Tür, ihr Kopftuch richtend, keifend) Was wollt ihr? Wer seid ihr? Was stört ihr uns mitten in der Nacht?

THOMAS   (mit tiefer Wirtsstimme)   Sehen wir einmal nach!

Er geht zur »Tür«, »öffnet« sie, Mutter und Vater kommen zwei, drei Schritte ins Zimmer. Während der nächsten Sätze kommen sie allmählich immer weiter ins Zimmer, bis Jasmin sie zurückdrängt. Dieses wiederholte Hin und Her, Ins-Zimmer-Schreiten und Wieder-zurückgedrängt-Werden ist eine den folgenden Wortwechsel unterstreichende Parallelhandlung, die leicht komisch sein darf.

MUTTER   (jammernd) Wir kommen von weit her und sind schon so müde …

THOMAS   (mit tiefer Wirtsstimme) Wie heißt ihr denn?

VATER   Ich heiße Josef und meine Frau ist Maria. Wir sind auf dem Weg nach Nazareth, aber wir sind von der Nacht überrascht worden. Jetzt haben wir keinen Platz zum Schlafen … (kommt näher ins Zimmer)

JASMIN   Seid ihr am Ende gar Flüchtlinge? Habt ihr kein Quartier? Seid ihr überhaupt schon registriert? (drängt sie zur »Tür«)

THOMAS   Sie sind auf dem Weg zum Kaiser Augustus. Der zählt alle Leute.

VATER Morgen werden wir uns registrieren lassen. Heute – heute haben die Ämter schon zu. *(drängt wieder ins Zimmer)*

THOMAS Morgen ist aber Feiertag! *(drängt sie zurück)*

JASMIN Wenn ihr Flüchtlinge seid, gehört ihr in ein Flüchtlingslager und braucht nicht anständige Leute belästigen. *(drängt sie auch zur Tür)*

VATER Kind, wie redest du?! *(bleibt stehen)*

JASMIN *(heftig)* So, wie viele Leute reden. Ich spiele schließlich die böse Wirtin und man kann ein Krippenspiel ja auch modernisieren.

THOMAS Ja, in Monis Krippenspiel ist auch ein Hirte mit dem Fahrrad gekommen.

MUTTER *(ringt die Hände)* Habt doch Mitleid, liebe Wirtin, es ist so kalt! Und ich werde heute Nacht mein Kindlein zur Welt bringen.

JASMIN *(energisch)* Nein, in mein Haus kommen keine fremden Leute! *(drängt die beiden Richtung Tür)*

THOMAS *(singt den Schluss des Liedes)* Nein, nein, nein, ihr kommt nicht rein!

MUTTER *(jammernd)* Dann lasst uns wenigstens in eurem Stall schlafen! *(drängt wieder in die Mitte des Zimmers)*

VATER Ja, da können wir uns bei den Tieren wärmen und unser neugeborenes Kindlein in eine Krippe legen. *(drängt zur Zimmermitte, Mutter folgt)*

THOMAS *(schüttelt den Kopf)* Ich habe keinen Stall. Heutzutage hat in der Stadt kein Wirt mehr einen Stall. *(zur Wirtin)* Aber was machen wir jetzt wirklich mit den Fremdlingen, Frau? Wenn wir sie fortjagen, steht morgen in der Zeitung: Erbarmungsloser Wirt schickt schwangere Frau in die kalte Nacht hinaus. Das ist eine schlechte Reklame für uns. *(drängt nicht)*

MUTTER *(flehentlich)* Wir brauchen nur ein ganz kleines Plätzchen!

VATER *(drohend)* Sonst gehen wir zur Zeitung!

THOMAS Ich habe wirklich keinen Stall!

MONIKA *(kriecht unter dem Tisch hervor, empört)* Aber ich bin doch der Esel! Wo soll ich denn wohnen, wenn es keinen Stall gibt?

THOMAS *(ohne Monika zu beachten)* Meinetwegen könnt ihr in der Garage übernachten. Aber sehr gemütlich ist es dort nicht, das sag ich euch gleich. Und warm auch nicht.

MONIKA *(wütend)* Ihr seid gemein! In einer Garage gibt es keine Esel!

THOMAS *(achselzuckend)* Bist halt mein Motorrad. Du bist eben ein moderner Esel.

MONIKA *(schreit)* Du spinnst ja! *(will sich auf Thomas stürzen, die Mutter versucht eine Rauferei zu verhindern)*

GROSSMUTTER Monika, weißt du was, du bist der Wirtshaushund. Du kannst die Maria und den Josef anschnüffeln.

MONIKA *(aufschnupfend, versöhnlich)* Na gut. Aber ich schnüffle ganz lieb. Ich bin nicht so unfreundlich wie der Wirt und die Wirtin! *(geht auf allen vieren auf die Mutter zu, schmeichelt um ihre Beine und schnüffelt sie ab)*

THOMAS Schön, ich sperr euch also die Garage auf. *(zeigt auf den Esstisch, mit normaler Stimme)* Da ist die Garage, beim Esstisch. *(mit Wirtsstimme, honigsüß)* Kommt, liebe Fremdlinge, und geht nicht zur Zeitung! Liebe Frau, hast du nicht eine alte Decke, die du den Fremden borgen kannst?

JASMIN *(giftig)* Kommt nicht in Frage! Es hat sie ja niemand eingeladen, in unser Land zu kommen, dieses Gesindel! *(drängt Mutter und Vater heftig zur Tür)*

VATER *(empört)* Sag einmal, Jasmin, wo hast du solche Ausdrücke her?

JASMIN *(hitzig)* Wir haben in der Schule für unseren Projekttag solche Aussprüche gesammelt. Was die Leute über Flüchtlinge sagen. Sie reden wirklich so, und noch viel schlimmer! Und es ist erschreckend, wie viele Leute so reden! *(sieht den Vater vielsagend und vorwurfsvoll an)*

VATER (ausweichend) Gesindel hab ich noch nie gesagt.

JASMIN Aber so ähnlich.

MUTTER Müsst ihr schon wieder streiten? Wir hätten bei der alten Geschichte bleiben sollen.

THOMAS Ich finde es lustig, dass der Wirt Maria und Josef in die Garage schickt.

GROSSMUTTER In einer Garage gibt es aber keine Krippe, wo soll Maria da ihr Kind hinlegen? Und es gibt auch kein Stroh zum Schlafen, nur Beton. Und kein Heu, um das Kindlein zuzudecken.

MONIKA (kichert) Höchstens einen alten Putzlappen, aber der stinkt nach Benzin. (zärtlich zur Mutter) Ich werde dein Kind mit meinem Fell wärmen!

Mutter streicht Monika über den Kopf.

JASMIN Hast du das Auto abgesperrt, lieber Mann? Sonst setzen sich diese Leute womöglich hinein!

MUTTER Jasmin, jetzt ist aber genug!

JASMIN (heftig) Ich red genau so, wie die Leute wirklich reden!

Kleine Pause.

MONIKA Papa, ist es in einem Stall wärmer als in einer Garage?

VATER Ja, natürlich. In einem Stall geben die Tiere Wärme ab. Das ist so, als wenn in einem Zelt viele Leute beisammen sitzen, da wird es auch warm.

MONIKA (ernsthaft) Ich verstehe.

THOMAS In einem Stall stinkt es auch nicht nach Benzin. Ich meine, Kühe und so stinken viel besser.

MONIKA Ja, das riecht gut. Die duften. Na ja, beinahe.

Kleine Pause.

MONIKA In einer Garage kann man wirklich nicht wohnen. Auch nicht für eine Nacht. Ich glaube – wauwauwau, Frau Wirtin, wauwauwau, Herr Wirt –, wir sollten die Fremden doch ins Haus lassen. Wir haben doch ein Gästezimmer.

THOMAS Hm, ich glaube auch. Die Garage ist wirklich zu arg.

JASMIN Na gut. Zu Weihnachten muss eine Geschichte ja gut ausgehen. Lassen wir sie halt im Haus übernachten.

MUTTER Habt Dank, liebe Wirtsleute.

JASMIN (mit sanfter Stimme) In unserem Gästezimmer wäre doch wirklich Platz für einen Flüchtling. Ich meine in Wirklichkeit. Wir haben doch fast nie Gäste. Unsere Lehrerin meint, wenn jeder, der irgendwie Platz hat, einen Fremden aufnehmen könnte oder zwei, dann könnten sich die Leute viel besser einleben und wären nicht so isoliert …

VATER (ausweichend) Die Probleme liegen ganz woanders. Man muss die Welt so verändern, dass es keine Flüchtlinge mehr geben muss.

JASMIN Ja, das stimmt. Aber das geht nicht so schnell. Und die Leute sind jetzt hier! Und wenn wir nur einem einzigen Menschen helfen können …

GROSSMUTTER Dann ist es ein bisschen wärmer auf der Welt.

MONIKA Spielen wir weiter. Jetzt muss der Engel kommen!

HERBERGSSPIEL
Friedl Hofbauer

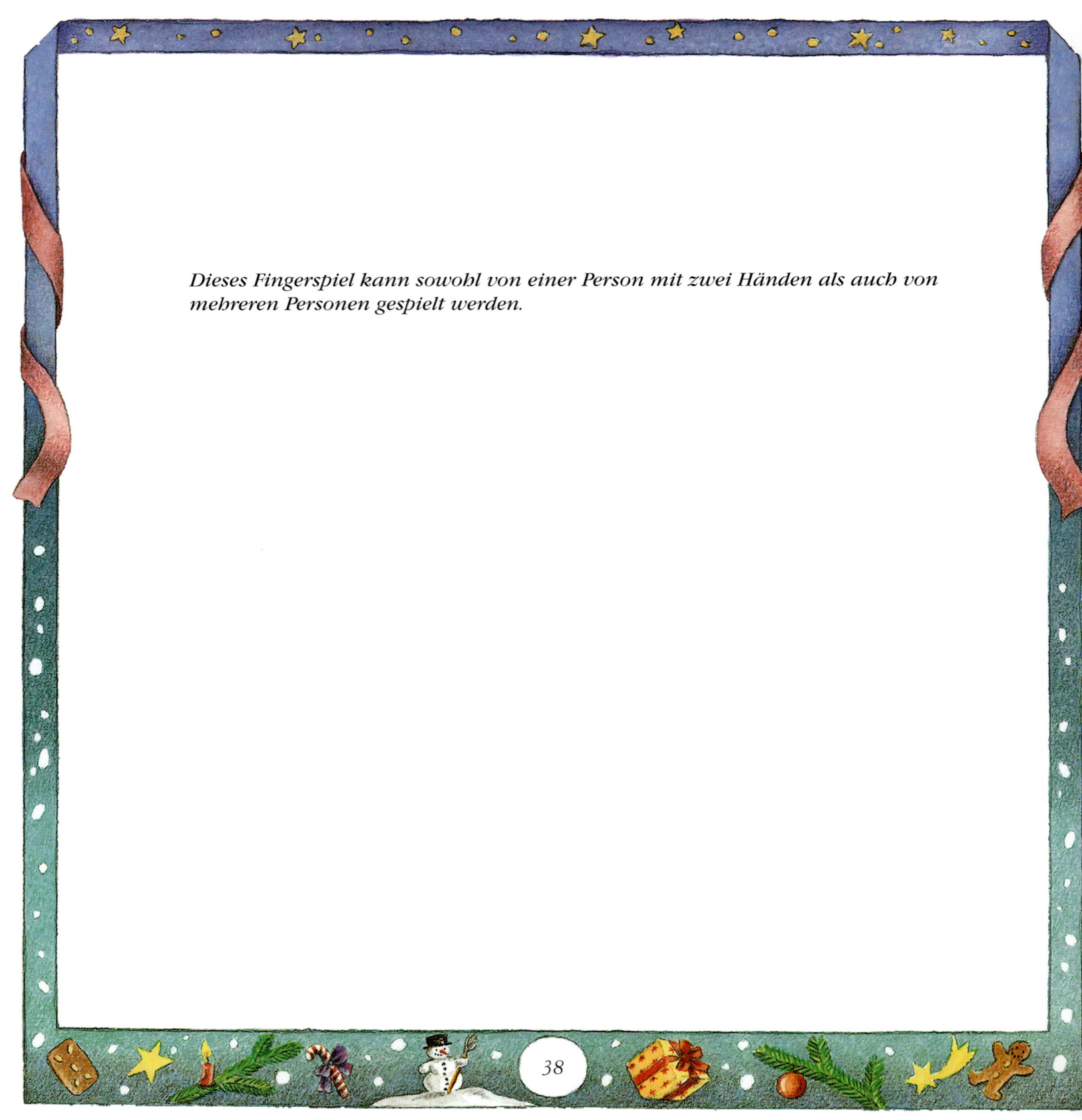

Dieses Fingerspiel kann sowohl von einer Person mit zwei Händen als auch von mehreren Personen gespielt werden.

Es schneit,
es schneit,
es schneit.

5 Finger oder mehr, jeder Finger als Schneeflocke verkleidet, bewegen sich.

Da gehn zwei
arme Leut'.

Zeige- und Mittelfinger, aus der Faust hochgestreckt, bewegen sich. Der Daumen ist noch unter dem Ringfinger und dem kleinen Finger versteckt.

Es schneit,
es schneit,
es schneit.

wie zuvor

Da gehn zwei arme Leut'.
Sie kommen vor ein großes Tor,
da schaut ein dicker Wirt hervor.

wie zuvor

»Guten Tag, guten Tag,
was wünschen Sie?«

Der Daumen einer anderen Hand verbeugt sich mehrmals.

»Ein Bett, ein Bett,
bis morgen früh.«

Die zwei Finger wackeln.

»Habt ihr denn Geld?«

Der Daumen wackelt.

»Ach, nein,
ach, nein!«

Die zwei Finger wackeln.

»Dann dürft ihr mir nicht
ins Haus herein!«

Daumen wackelt und ab.

Es schneit,
es schneit,
es schneit.

wie zuvor

Da gehn zwei arme Leut'.
Sie kommen vor ein großes Tor,
da schaut eine dicke Wirtin hervor.

wie zuvor

»Guten Tag, guten Tag,
was wünschen Sie?«

Daumen einer anderen Hand, mit Kopftuch, verbeugt sich.

»Ein Bett, ein Bett,
bis morgen früh.«

Die zwei Finger wackeln.

»Habt ihr denn Geld?«

Daumen wie zuvor.

»Ach, nein,
ach, nein!«

Die zwei Finger wie zuvor.

»Dann dürft ihr mir nicht
ins Haus herein!«

Daumen wackelt, ab.

Es schneit,
es schneit,
es schneit.

Hände mit Schneeflocken wie zuvor.

Da gehn zwei arme Leut'.
Sie kommen vor ein kleines Tor,
Ochs und Esel schaun hervor.
»I-ah, i-ah,
muh – muh!
Kommt her, hier habt ihr Ruh'!«

Andere zwei Finger, die abwechselnd wackeln.

Es schneit,
es schneit,
es schneit.

Da stehn zwei arme Leut'.
Sie gehen in den Stall hinein,
der Schnee hört auf zu schnein.

Jetzt kommen alle Engel,
die fliegen auf das Dach.
Jetzt kommen alle Schafe,
die Hirten hinten nach.

Die Engel freuen sich und singen
herunter von der Höh',
die Schafe freuen sich und springen
und schreien »bäh-bäh-bäh«.

»Halleluja, halleluja,
halleluja, halleluja,
bäh-bäh-bäh-bäh-bäh.«

Die Hirten stehn und fragen:
»Was ist denn da geschehn?
Der Stern, der wird's uns sagen,
der Stern hat es gesehn.«

wie zuvor

*Schneeflockenhand
legt sich nieder.*

*Scharen von Engel-
Fingern, Hirten
und Schafen kom-
men geflogen und
gelaufen.*

*Großer Lärm und
Tumult.*

»Ein Kind ist uns geboren,
ein Kind ist uns geschenkt!
Kommt alle her
und freut euch,
vergesst nun,
was euch kränkt.«

»Halleluja, halleluja.
Friede auf Erden!
Halleluja, halleluja
Friede wird werden!«

Ihr Kinderlein, kommet …

*Dies sagt der Stern.
Die zwei »armen
Leut'« beugen sich
über den zuvor ver-
deckten und jetzt
sichtbaren Dau-
men, der das in
Windeln gewickelte
Kind darstellt.*

*Engelsgesang. Die
Engel-Finger bewe-
gen sich. Alle sin-
gen mit, beim fol-
genden Lied dann
auch die Zu-
schauer.*

DER PULLOVER

Friedl Hofbauer

Bühnenbild: Wald, Winter.

DARSTELLER
in der Reihenfolge ihres Auftretens

Ein Tannenbaum
Der Wind
Eine Waldmaus
Ein Eichhörnchen
Ein Hase
Ein Wildschwein
Ein Bär
Der Mond

Windessausen, hier und da leises »Huiii« des Windes.

TANNE   *(bewegt ihre Äste, singt)*
Stille Nacht, heilige Nacht,
alles schläft ...
(lautes »Huiii« des Windes nimmt ihr das Lied aus dem Munde)
Der Wind bläst so kalt. So kalt soll er heute nicht blasen! Es ist doch Weihnachten!

WIND   *(kommt)* Huiii, huiiii! *(saust um die Tanne herum und »huiii« rufend wieder ab)*

TANNE   *(windbewegt)* Hör auf, Wind! *(schüttelt sich heftiger, reibt sich die Zweigarme)* Hu! Hu – hu – hu!

WIND   *(erscheint)* Huiii! *(zerrt die Tanne hin und her)* Huiii huiii!

TANNE   Hör auf! Du wirfst mich ja noch um!

WIND   Huiii! *(wieder ab)*

TANNE   So kalt! *(reibt sich die Zweigarme)* Und heute ist doch Weihnachten!

WIND   *(kommt geschlichen, flüstert)* Hu-i? Hu-i? Hast du gesagt, dass heute Weihnachten ist?

TANNE   Ja.

WIND   *(wieder laut)* Huiii!!! – Warte, ich bin gleich wieder da! *(ab)*

MAUS   *(kommt piepsend und zitternd)* Piep, piep, piep – Huhuhu – *(jammernd)* Kalt ist es!

TANNE   Warum bleibst du denn nicht in deinem Loch, Maus?

MAUS   Wollte ein bisschen was für Weihnachten holen. Nur ein Stück Speck aus der nächsten Speisekammer! Piep! – Aber es ist viel zu weit! Der Weg ist verschneit und der Wind hat mein Mauseloch mit Schnee zugeblasen.

TANNE   Komm, kriech unter meine Zweige, da ist es ein bisschen wärmer.

MAUS   *(tut es, kommt aber gleich wieder hervor)* Hu-u-u – unter deinen Zweigen ist es genauso kalt!

WIND   *(kommt)* Huiiii!

MAUS   Da ist er schon wieder, der Wind! *(schimpft)* Blas woanders!

WIND   Huiii! *(wirbelt einen Pullover daher und spielt mit ihm)* Hui, huiii –

TANNE   *(schüttelt sich wieder heftiger)* Gib endlich Frieden, Wind, es ist doch Weihnachten!

WIND   Huii! Darum hab ich dir ja ein Geschenk hergebracht. Schau!

TANNE   *(misstrauisch)* Was ist denn das?

WIND   Spielzeug für dich und für mich. Fang!

MAUS   *(guckt hervor)* Das ist ja ein Pullover! Wo hast du den Pullover her?

WIND   Ge – fun – den! Den hat irgendwer weggeworfen, weil er ein Loch hat! *(Er bläst und wirbelt den Pullover spielerisch herum.)* Willst du mein Geschenk nicht, Tannenbaum? Dann spiel ich allein damit! *(will mit dem Pullover fort)*

MAUS   *(packt den Pullover und hält ihn fest)* Nein! Nein! Schenk ihn mir! Mir ist so kalt!

WIND   Meinetwegen! Weil Weihnachten ist. Huii – *(ab)*

Die Maus versucht in den Pullover zu schlüpfen.

TANNE   *(zur Maus)* Du bist doch viel zu klein für einen so großen Pullover!

MAUS   Das ist kein Pullover,
das ist ein warmes Haus!
Gerade recht für eine Maus.

Die Maus kriecht in den Pullover.

TANNE   *(beginnt wieder)* Stille Nacht, heilige ...

MAUS   *(guckt heraus, ruft)* Hallo, Tannenbaum! Da ist es warm! *(verschwindet im Pullover)*

WIND   *(kommt)* Huiii, huiii – *(saust herum und ab)*

Man hört einen Plumps, gleich darauf »auweh!« und Gekecker: »Kekekekek«.

Eichhörnchen kommt, etwas hinkend.

EICHHÖRNCHEN   Hu – ist es heute kalt!

TANNE   Warum sitzt du nicht in deiner Baumhöhle?

EICHHÖRNCHEN   Ich habe nur die Nase herausgestreckt, ob noch irgendwo eine Eichel oder ein Zapfen hängt, da hat mich der Wind von meinem Baum gestoßen. Ich hab mir alle Pfoten verstaucht! Jetzt kann ich nicht mehr zurückklettern, hu, ist das kalt hier!

TANNE Komm unter meine Zweige, da ist es wärmer.

EICHHÖRNCHEN Unter deinen Zweigen ist es genauso kalt. *(sieht den Pullover, der sich leicht bewegt)* Was ist denn das?

MAUS *(guckt heraus)* Ein warmes Haus!
Gerade recht für eine Maus! *(zurück in den Pullover)*

EICHHÖRNCHEN Ein warmes Haus? Lass mich hinein!

MAUS *(guckt wieder heraus)* Komm nur! Zu zweit wird's noch wärmer sein!
Aber mach gleich hinter dir die Tür zu!

Eichhörnchen verschwindet im Pullover.

Der Pullover dehnt sich. Technisch machbar, zum Beispiel durch eingearbeitetes Spannleintuch.

WIND *(kommt)* Huiiiii! Wo ist denn mein Spielzeug?

TANNE Der Pullover? Der ist jetzt ein Haus. Gerade recht für Eichhörnchen und Maus.

WIND Huiiii – huii, ich suche mir etwas Neues zum Spielen! Vielleicht ein Dach, vielleicht einen Stern! Ich kann alles wegblasen und herblasen!
Huiii – huii? Was ist denn das dort? Wartet! Gleich spielen wir mit einem Hasen! *(ab)*

TANNE *(ruft ihm nach)* Lass ihn doch laufen! Es ist Weihnachten! Gib Frieden!

WIND *(von fern)* Kann ich nicht! Ich muss den Hasen jagen! *(verklingt)*

TANNE Immer muss er stören. Und ich möchte doch endlich mein Lied von der stillen Nacht singen und die Weihnachtsglocken hören! *(beginnt)* Stii-ille Nacht, heilige Nacht …

HASE *(kommt japsend angelaufen)* Hilfe, Hilfe, der Wind ist hinter mir her,
und ich frier so sehr!

TANNE Komm unter meine Zweige, da ist es schön warm.

HASE Nicht warm genug für einen halberfrorenen Hasen! *(schlägt die Pfoten vor das Gesicht)*
Oh, wo ist der Frühling! Oh, wo ist ein schöner grüner Rasen!

Maus und Eichhörnchen gucken aus dem Pullover.

MAUS *(zum Eichhörnchen)* Da ist ja noch einer, dem kalt ist!

EICHHÖRNCHEN Komm, lassen wir ihn herein.

MAUS Das geht nicht. Der Pullover ist zu klein!

EICHHÖRNCHEN Wir rücken ein bisschen zusammen, Maus. Dann muss der arme Hase nicht frieren.

MAUS Na gut. Du, Hase, komm herein!
Zu dritt wird's wahrscheinlich noch wärmer sein!

Alle drei verschwinden im Pullover.

TANNE *(beginnt wieder einmal)* Stii-ille Nacht – heilige …

WIND *(kommt)* Huiii – *(zur Tanne)* Hast du den Hasen gesehn? Beinah' hätt' ich ihn erwischt. Huiii – macht nichts. Ich suche mir was anderes zum Spielen. *(ab)*

TANNE Das sind Weihnachten! Eigentlich hab ich mir einen Stern auf meine Tannenspitze gewünscht oder ein paar Glocken an die Zweige! *(fängt wieder an)*
Stille Nacht, heilige Nacht –

WILDSCHWEIN *(kommt)*
Grunz, grunz, grunz,
grumpel, grumpel, grumpel!
Wintersturm und Schneegehumpel.
Ach, bin ich ein armes Schwein!
(stutzt) Was ist denn das?
(stubst mit der Nase an den Pullover)
Ein warmes Haus?
He, macht schnell auf! Lasst mich hinein!
(klopft an den Pullover)

MAUS, EICHHÖRNCHEN UND HASE *(gucken heraus)*
Wer ist denn draußen?
Uiii! Ein dickes, wildes Schwein!

Sie verschwinden sofort wieder im Pullover.

WILDSCHWEIN Lasst mich hinein, mir ist so kalt, der Wind bläst durch den ganzen Wald.

Ihr sitzt im Warmen, lasst mich ein,
mich armes, dickes wildes Schwein!

DIE DREI   *(schauen heraus)*
Das geht nicht! Der Pullover ist zu klein!

Sie verschwinden wieder im Pullover.

WILDSCHWEIN   *(schluchzt erbärmlich)*

MAUS   *(schaut nochmals heraus)* Bist du sehr dick?

WILDSCHWEIN   *(schluchzt)* Sehr dick! Ich armes wildes
Schwein!

MAUS   Wir rücken zusammen, dann geht's. Komm
herein.

Das Wildschwein kriecht zu den anderen in den Pullover.

TANNE   *(singt)* Stii-ii-lle …

WIND   *(kommt und saust herum)* Huiii, huiii, huiiiiii …

TANNE   Stör mich nicht immer bei meinem Lied! *(ärgerlich)* Wind, bist du denn noch nicht müde?

WIND   Ich habe einen Bären gesehn! Das wär was zum
Spielen, ein großer Bär! Den fang ich und roll ihn
hin und her! Ich bring ihn dir! Huiii! *(ab)*

TANNE   *(singt)* Stii-ille Nacht, heilige Nacht, alles
schläft – einsam wacht …

BÄR   *(kommt)* Brummmm! Brummm! Brummm!
(aufgeregt zur Tanne) Schnell, versteck mich! Der
Wind ist hinter mir her!

TANNE   Kriech unter meine Zweige, Bär, ich deck
dich zu!

BÄR   Danke, Tannenbaum! *(kriecht unter die Zweige,
kommt aber gleich wieder hervor)* Lieber Tannenbaum, deine Zweige sind nicht dicht genug! Die
können mich nicht verstecken. Der Wind wird
mich entdecken. *(sieht den Pullover)* Was ist denn
das? Da liegt ja ein Pullover! In den werd ich
hineinkriechen, dann sieht der Wind mich nicht!
(versucht es)

DIE VIER   Wer ist denn da draußen?

*Die vier stecken nacheinander die Köpfe heraus und sagen
nacheinander*

DIE VIER   Ein Bär! – Ein Bär! – Ein Bär! – Ein Bär!

BÄR   Der Wind ist hinter mir her!
Lasst mich hinein!

MAUS   Tut uns Leid!
Der Pullover ist voll!

Maus und alle anderen verschwinden im Pullover.

BÄR   *(verzweifelt)*
Ich weiß nicht, wohin ich fliehen soll!
Der Wind rollt mich durch den ganzen Wald!
Mir ist schon ganz schwindlig!
Und so kalt!

MAUS   *(taucht auf)* Wir haben's uns überlegt.

DIE DREI ANDERN   *(kommen nacheinander und sagen)*
Überlegt – überlegt – überlegt.

MAUS   Komm herein, Bär! Wir rücken noch ein bisschen zusammen!

BÄR   Oh, vielen Dank! *(klettert in den Pullover)*

Das Sausen des Windes hinter der Bühne wird hörbar.

MAUS   Beeil dich, Bär!

Bär verschwindet ganz im Pullover.

WIND   *(kommt)* Huiiii! Ich kann dir leider nichts zu
Weihnachten schenken, Freund Tannenbaum. Der
Bär ist mir über die sieben Berge davongerannt! Uff,
das war anstrengend!

In der Ferne beginnen Glocken zu läuten.

WIND   *(ganz sanft)* Mir wird ganz komisch. Ich habe
gar keine Lust mehr, herumzublasen.

Glocken lauter

WIND   Und müde bin ich! Ich glaube, ich muss mich
ausruhen.

TANNE   Komm unter meine Zweige und schlaf ein bisschen. Soll ich dich zudecken?

WIND   *(schlüpft unter die Zweige)* Ja, bitte. Ach, das ist
aber schön warm. Danke, Tannenbaum! *(schläft ein)*

erneut Glockenläuten

TANNE   Schlaf ein, Wind,
sei ein himmlisches Kind.
Leg dich zur Ruh',
ich deck dich zu.

Der Mond tritt auf die Bühne, dabei »Guter Mond, du gehst so stille« singend. Die Tanne verstummt. Es wird heller. Der Mond trägt eine brennende Laterne.

MOND *(singt)* Guter Mond, du gehst so stille
durch die Abendwolken hin.
Guten Abend, Tannenbaum!

TANNE Guten Abend, Mond! Schön, dass du mich besuchst!

MOND Ich muss gleich weiter. Ich hab dir da was mitgebracht. *(öffnet die Laterne, nimmt einen blinkenden Stern heraus und überreicht ihn der Tanne)*

TANNE Ein Stern! Der ist wirklich für mich?

Tanne betrachtet den Stern. Nimmt ihn in beide Hände. Der unter ihren Ästen schlafende Wind wird deutlicher sichtbar.

MOND Wer schläft denn da? Ist das nicht der Wind?

TANNE *(hat inzwischen den Stern aufgesetzt)* Ja, der schläft endlich.

MOND Singen wir ihm ein Schlaflied, Tannenbaum! *(beginnt zu singen)* Sti-ille Nacht …

Der Tannenbaum fällt in das Lied ein. Beide singen und kommen bis etwa: »… schlafe in himmlischer Ruh«.

MAUS *(guckt aus dem Pullover)* Piiiiiep, piepipiiip, was ist denn das für ein Lärm?

Tanne und Mond deuten der Maus, dass sie ruhig sein soll, und singen weiter.

Die Maus guckt verdutzt, stellt sich neben Mond und Tannenbaum und singt auch mit. Alle andern Tiere kommen gleich darauf nacheinander auch aus dem Pullover, stellen sich dazu und singen auch mit.

Der Wind schläft weiter.

Unter Weihnachtsgesang und Weihnachtsglockengeläut' fällt der Vorhang.

Bärenweihnacht

Friedl Hofbauer

Vorschläge zum Bühnenbild: Der Stall im Hintergrund (es genügen angedeutete Versatzstücke, unbedingt aber muss eine Krippe da sein) ist, wenn möglich, anfangs nicht angeleuchtet.

DARSTELLER
in der Reihenfolge ihres Auftretens

Der Weihnachtsstern
Mehrere kleine Sterne
Maria
Josef
Ein Engel
Ein Hirte
Schafe
Ein Bär
Der Ochs
Der Esel
Erstes Kind
Zweites Kind
Drittes Kind
Der Wirt

WEIHNACHTSSTERN   (Kind mit Stange, darauf ein Stern mit schönem Schweif)

Ich bin der große Weihnachtsstern!
Seht mich leuchten und glänzen!
Gebt Acht, jetzt werde ich einen Stall
mit meinem Licht bekränzen.

Der Stall wird sichtbar, aber es ist noch nicht hell genug.

Ich habe all mein Licht gebracht.
Doch ist es noch viel zu dunkel
für diese heilvolle Nacht.
Ihr müsst mir leuchten helfen!
Bringt Lichter von nah und fern!

Ein kleiner Stern kommt.

KLEINER STERN   Ich bin nur ein kleiner Stern.
Ich hab nur ein winziges Licht.
Aber ich helf' dir gern!

Noch ein paar kleine Sterne kommen.

DIE KLEINEN STERNE   *(nacheinander)*
Ich auch, ich auch, ich auch …!

Es wird heller.

KLEINER STERN   Wo ist das Kind? Wo ist denn das Kind?

DIE ANDEREN KLEINEN STERNE   *(nacheinander)*
Welches Kind? Welches Kind?
Welches Kind? Welches Kind?

Musik ganz zart, Flöte oder Geige. Sobald Maria auftritt, Musik aus.

MARIA   Ach Josef, ich bin so müde und matt.
Finden wir bald eine Lagerstatt?

JOSEF   Da steht ein Stall im Sternenschein,
komm, liebe Frau, wir gehn hinein.
(Sie tun es.)
Hier kannst du dich betten auf frisches Stroh.

MARIA   Bald kommt das Kind. Ich freu mich so!
(Sie setzen sich.)

Ein Engel kommt gehuscht, ihm folgt ein Hirte. Der Engel verschwindet wie eine Erscheinung.

Der Hirte kommt mit seiner Laterne, einem langen Hirtenstock mit Eisenspitze und Schafen.

HIRTE   Was ist das nur für eine Nacht!
Ich habe einen Engel getroffen!
Er hat mir verheißen, wir dürfen hoffen!
Da hab ich mich eilig aufgemacht.
(schaut sich um) Wo ist denn der Engel?

WEIHNACHTSSTERN   *(wendet sich langsam dem Hirten zu)*

HIRTE   *(sieht den Stern, erschrocken)* So ein riesiger Stern! Zum Fürchten groß! Und so viel Licht!

WEIHNACHTSSTERN   *(zum Hirten)* Du, komm auch her mit deiner Latern'!
Trau dich nur her! Und fürchte dich nicht!
Wir brauchen mehr Licht auf dem Weg zum Kind,
damit ein jeder Mensch es find't!

Hirte lehnt den Stab an die Stallwand außen oder sonstwohin und betrachtet staunend den Stern. Lautes »Mäh, Mäh« von den Schafen, gleich darauf Bärengebrumm.

BÄR   *(tritt freundlich brummend auf)*
Brumm-brumm, brumm-brumm!

HIRTE   Was ist denn los? *(sieht den Bären, erschrocken)*:
Seht ihr nicht den Bären?
Wo ist mein Stock mit der Eisenspitze! *(sucht)*
Ich muss ja meine Schafe beschützen!
(hat den Stock gefunden und will damit auf den Bären losgehen)

WEIHNACHTSSTERN   *(beschwichtigend)* Der Bär brummt nur dem Kind zu Ehren.

Der Bär kommt näher.

BÄR   *(zum Hirten)* Heut werd' ich kein Schaf verzehren!
Heut brumm ich nur dem Kind zu Ehren.
Brumm, brumm,
Kindlein, kumm!

OCHS   *(streckt den Kopf aus dem Stall)*
Muh – muh,
Bär, gib Ruh!

WEIHNACHTSSTERN   *(zum Bären)* Dort stell dich hin,
und brumm's leise, dein Lied!

HIRTE   *(stellt sich mit dem Stock daneben)* Und ich geb
Acht, dass dem Kind nichts geschieht!

ENGEL   Das Kindlein ist noch nicht geboren.
  Doch bald erfüllt sich die Zeit.
  Dann leuchtet sogar die Dunkelheit.
BÄR   *(leise)* Brumm, brumm, brumm!
  Kumm, Kindlein, kumm!
ESEL   *(streckt den Kopf heraus)*
  Iah, iah, iah!
  Das Kind ist da!
MARIA   *(zeigt das Kind)*
  Seht her, so lieb und klein
  und schaut doch, wie es lacht.
  Heut ist eine heilige Nacht –
  doch was wird morgen sein?
WEIHNACHTSSTERN   Sei guten Mutes, Maria,
  weil bald die Könige kommen,
  mit Kronen und Gold und Gaben,
  das Kind soll das Beste haben!
MARIA   *(singt)*
  Ich wieg dich, ich wieg dich,
  mein kleines Kind,
  bis die Könige 'kommen sind.
Sie deckt das Kind in ihren Armen mit ihrem Umhang-
tuch zu, sodass man es nicht sieht.
JOSEF   Da kommen sie schon!
HIRTE   Wie sehn denn die aus …
  Glaubt ihr, dass das Könige sind?
ERSTES KIND   Ich bin kein König, ich bin ein Kind.
  Ich komme aus einem kalten Land.
  Der Krieg hat unser Haus verbrannt.
  Mein Vater und meine Mutter sind tot.
  Ich bin so hungrig und hab kein Brot.
ZWEITES KIND   Ich komme aus einem heißen Land.
  Dort hat die Sonne die Erde verbrannt.
  Ich bin so durstig! Und ich hab kein Wasser!
DRITTES KIND   *(in einem durchlöcherten Hemd)*
  Ich komm übers Meer in einem Boot.
  Mir ist so kalt! Mein Hemd ist aus Wind!
JOSEF   Komm herein, du armes Kind!

Kommt alle herein und seid wieder froh!
Wir haben Wasser, wir haben Brot
und warme Betten aus frischem Stroh!
Die Kinder bekommen zu essen und zu trinken.
KINDER   *(nacheinander)*
  Lieber Josef, danke schön!
  Jetzt wollen wir zur Krippe gehn
  und uns das kleine Kind ansehn!
  Sie gehen zur Krippe.
ALLE DREI KINDER   *(enttäuscht)*
  Da liegt ja kein Kind der Krippe!
MARIA   Das Stroh in der Krippe ist viel zu hart
  für mein Kindlein weich und zart.
  Ich bin schon sehr müde, doch halt ich's im Arm,
  so liegt es weich und hat es warm.
  In die Krippe leg ich's nicht hinein,
  dort fängt's gleich an zu schrein.
Sie zeigt das Kind.
KINDER   *(drängen hin, gucken)*
  Lass es uns halten, das Kindchen klein,
  wir möchten so gern seine Hüter sein!
  Nur ein bisschen, Maria! Wir wollen es wiegen
  und du kannst inzwischen ruhen und liegen.
Maria gibt den Kindern das Kind zu halten, die mit den
verschränkten Händen und Armen eine Krippe bilden und
singen.
KINDER   Wir wiegen dich, wiegen dich, kleines Kind,
  bis die Könige 'kommen sind.
Währenddessen kommt der Wirt.
WIRT   Was will das Gesindel in meinem Stall!
  Hilfe! Wache! Überfall!
  Lumpengesindel ohne Geld!
  Ihr bleibt mir nicht an diesem Ort!
  Das ist mein Stall! Hinaus und fort!
Er packt ein Kind am Arm.
HIRTE   Dem K i n d gehört heut dieser Stall!
Der Hirte droht dem Wirt mit seinem Stock. Der Wirt
lässt sich zu Boden fallen.

WIRT (*wimmert*) Hilfe, Wache, Überfall!

BÄR (*greift den Hirten am Kragen*)
Weihnachtsfrieden!
Brumm – brumm!

HIRTE (*macht sich los*) Schau dir den Kerl doch an!
Eine arme Frau muss gebären ihr Kind
in einem Stall, weil sie nichts Besseres find't,
und dann kommt einer und will sie vertreiben –
da kann ich doch nicht ruhig bleiben!

ENGEL Sei still, er kniet ja schon, der Wirt!

HIRTE Wieso?

ENGEL Ich hab ihn angerührt.

WIRT Ich knie und knie und weiß nicht warum!
Ich knie mir noch den Rücken krumm!

ENGEL Kein Leid soll sein in dieser Nacht. (*berührt
den Wirt*)
Dein Rücken sei wieder gerade gemacht.

WIRT (*reckt sich*) Oh, tut das gut! Es ist nicht zu be-
schreiben!

Meinetwegen – für heut Nacht könnt ihr bleiben. (*ab*)

HIRTE (*zornig*) Da seht ihr's! Er bessert sich nur für heut!
Die Welt ist voller Grausamkeit.
Er wendet sich ab.

KINDER Wir wiegen, wir wiegen das kleine Kind,
bis die Könige 'kommen sind!
Die Könige, die Weisen,
die müssen noch lange reisen!

BÄR (*zum Hirten, Pranke auf seiner Schulter, sanft*)
Siehst du da oben das helle Licht? (*zeigt auf den Stern*)
Lieber Hirt, verzweifle nicht!
Schau doch! Das kleine Kind! Es lacht!

HIRTE (*blickt zur Krippe. Stellt, ohne den Blick von dem
Kind zu lassen, seinen Hirtenstock irgendwohin, ver-
schränkt die Hände*) Was ist das nur für eine Nacht!
Dann kniet er langsam neben der Krippe nieder.

BÄR (*fängt an zu singen*)
Ihr Kinderlein, kommet …
Alle singen mit.

MARIO UND PEPPINA

Eine Weihnachtsclowneske

Alexander Melach
Isabella Amadori

Bühnenbild: Die Spielfläche ist zunächst leer – ein Feld, das erst im Lauf der Handlung mit Versatzstücken (Handwagen, Tische, Sessel, Weihnachtsschmuck) verändert wird.

DARSTELLER
in der Reihenfolge ihres Auftretens

Ein Sprecher
Mario
Peppina
Erster Gaukler
Zweiter Gaukler
Dritter Gaukler
Mehrere Hirten
Mehrere Schafe
Der Wirt

1. Szene

Musik. Auftritt Sprecher: Korrekt gekleidet, mit dezent gemusterter Fliege, ein dickes Buch unter den Arm geklemmt.

SPRECHER   Es war vor langer, langer Zeit,
  da waren unterwegs zu zweit –

Mario und Peppina stürmen in Clowngewändern auf die Spielfläche, sie haben Reisegepäck bei sich. Mario mit einem Purzelbaum, Rad oder Luftsprung.

MARIO   Mario! *(verbeugt sich)*

Peppina folgt mit einem Schuh in ihrer Hand, für den sie offensichtlich einen Aufbewahrungsort sucht. Nachdem sie drei Runden ratlos im Kreis gegangen ist, »entdeckt« sie plötzlich ihren Fuß, steckt den Schuh darauf und lächelt ins Publikum.

PEPPINA   Peppina! *(verbeugt sich)*

SPRECHER   Heute würde man sagen: Zwei Clowns.

Peppina und Mario nicken, klatschen und lachen.

SPRECHER   Die beiden hatten aber nichts zu lachen!

Das Lachen auf den Mündern von Peppina und Mario erstirbt augenblicklich.

SPRECHER   Es war einfach nicht die Zeit zum Lustigsein. *(liest aus Buch)* Damals ging von Augustus ein Befehl aus, dass der gesamte Erdkreis aufgezeichnet werde. Alle mussten hingehen und sich eintragen lassen. *(zu den Clowns)* Also auch ihr!

Die Clowns nicken. Mario packt Peppina bei der Hand. Die beiden beginnen abzumarschieren.

SPRECHER   Halt!

Die Clowns erstarren.

SPRECHER   Habt ihr auch gutes Schuhwerk? Ihr habt eine weite Wanderung vor euch!

Die Clowns sehen einander achselzuckend an. Dann sehen sie den Sprecher an und nicken ernsthaft. Als der Sprecher die beiden skeptisch betrachtet, streift Peppina einen Schuh vom Fuß und hält ihn dem Sprecher unter die Nase. Der hält sich mit der einen Hand die Nase zu und fächelt sich mit der anderen Luft zu. Peppina weiß
wieder nicht, wohin mit dem Schuh, und muss drei Runden suchend im Kreis gehen, bis sie ihren Fuß entdeckt und den Schuh anzieht. Dabei fällt sie um und bleibt im Langsitz sitzen.*

SPRECHER   Keine Dummheiten! – Also, was habt ihr vor euch?

PEPPINA   *(blickt auf ihre Schuhe, strahlend)* Gutes Schuhwerk!

MARIO   *(schnell)* Eine weite Wanderung!

SPRECHER   *(liest im Buch nach, bestätigend)* Hm-hm, hm-hm! *(liest weiter)* Hmhm-hmhmhm-hmhm … zusammen mit seiner Verlobten, die gesegneten Leibes war. Ach ja! *(zu Peppina)* Also du – bist gesegneten Leibes.

PEPPINA   *(zu Mario)* Was bin ich?

SPRECHER   Du kriegst ein Kind! So und jetzt geht ihr nach Bethlehem. *(als nichts passiert)* Was ist los?

PEPPINA   Ich kann nicht aufstehen, ich kriege ja ein Kind! *(lacht)*

SPRECHER   Aber doch nicht hier auf dem Feld!

MARIO   *(schnell)* Komm, Peppina, nicht hier auf dem Feld. Wir haben jetzt keine Zeit zum Lustigsein. *(zieht Peppina weg, die anfängt Grimassen zu schneiden und zu gestikulieren. Beide ab.)*

SPRECHER   *(blickt den beiden nach. Betupft sich mit einem Taschentuch die Stirn – was er während des gesamten Stückes nach oder während jeder Stress-Situation tut. Fasst sich wieder.)*
  Die beiden waren noch nicht weit,
  da hat die Sonne sich versteckt.
  So brach herein die Dunkelheit.
  Doch schimmernd über ihnen streckt
  sich aus das klare Weltenall:
  Planeten, Sterne überall – *(hält inne)*
  Planeten, Sterne überall? – Der Stern! Wo ist der Stern! Der sollte längst auf der Bühne sein! *(sieht sich ratlos um. Zum Publikum)* Einen Augenblick bitte! Ich bin gleich zurück! *(ab)*

2. SZENE

Musik. Langsamer Auftritt der Gauklergruppe. Sie zie-
hen einen Handwagen auf die Spielfläche, auf dem sich
Requisiten, Kostüme, bunte Tücher oder Ähnliches befin-
den. Der zweite Gaukler spielt später den Stern, der dritte
Gaukler den König. Er kann bereits als König verkleidet
auf dem Wagen sitzen.

ERSTER GAUKLER   Es war einmal ein König –

ZWEITER GAUKLER   – und der besaß nicht wenig:

ERSTER GAUKLER   Diamanten fässerweise –

ZWEITER GAUKLER   die Verwandten schlösserweise.

ERSTER GAUKLER   Er besaß ein Stück der Erde,

ZWEITER GAUKLER   Tage voller Träume.

ERSTER GAUKLER   Kühe, Esel, Pferde.

ZWEITER GAUKLER   Gedanken voller Pläne.

ERSTER GAUKLER   Kräuter, Blumen, Bäume.

ZWEITER GAUKLER   Schweine, Hennen, Hähne.

ERSTER GAUKLER   Nur eines hatt' er nicht:

DRITTER GAUKLER / KÖNIG   *(ruft sehnsuchtsvoll)*
    Die Sterne!

ERSTER GAUKLER   *(dem zweiten Gaukler einen Sternhut*
    aufsetzend) – Und ihr Licht!

ZWEITER GAUKLER / STERN   *(umtanzt den König)*
    Ich bin ein Stern!
    Ich steh nicht sill!
    Ich leuchte, wo und wann ich will!

Der König steigt vom Wagen oder nähert sich dem Stern.

ZWEITER GAUKLER / STERN
    Ich bin ein Stern!
    Du kannst mich sehn!
    (König greift nach dem Stern. Dieser macht sich los.)
    Du greifst nach mir? – So werd ich gehn!
    (Stern im Abgehen)
    Gleich bin ich weg!
    Noch leucht ich hier!
    Du magst mein Licht? – So komm mit mir! *(ab)*

Der erste Gaukler setzt sich auf den Wagen und be-
obachtet den König, während dieser langsam einem
Fernrohr folgt, durch das er blickt. Dabei geht der
König im Kreis oder dreht sich langsam um seine
eigene Achse.*

ERSTER GAUKLER
    Der König, er verließ sein Schloss,
    zog ohne Diener, ohne Ross;
    er nahm kein Geld und keinen Scheck …

DRITTER GAUKLER / KÖNIG
    … nur etwas Weihrauch ins Gepäck.

Erster Gaukler und König beginnen die Spielfläche zu ver-
lassen. Der Sprecher kommt mit hektischen Riesenschritten
auf die Bühne.

SPRECHER   Der Stern! Wo steckt der Stern! *(zu den ab-*
    gehenden Gauklern) He! Habt ihr den Stern gesehen?

KÖNIG   Den suche ich auch!

ZWEITER GAUKLER / STERN *schleicht auf die Spielflä-*
    che.

SPRECHER   *(zum König)* Wann hast du ihn denn zuletzt –

ZWEITER GAUKLER / STERN   *(steht nun hinter dem Spre-*
    cher und unterbricht ihn) Da ist dein Stern! Er steht
    nicht still!

Sprecher fährt herum und will den zweiten Gaukler un-
terbrechen. Dieser schüttelt den Kopf und spricht unbeirrt
weiter.

ZWEITER GAUKLER / STERN
    Ich leuchte, wann und wo ich will.
    Ich bin ein Stern, du kannst mich sehn.

Sprecher will den Stern ergreifen.

ZWEITER GAUKLER / STERN
    Du greifst nach mir? – So werd ich gehn!
    Gleich bin ich weg – noch leucht ich hier,
    du magst mein Licht? – So komm mit mir!

Der Stern läuft von der Bühne.

SPRECHER   Moment! Moment! Halt! So geht das doch
    nicht!

Läuft dem Stern nach. Beide ab.

3. SZENE

Mario und Peppina treten auf. Der König sieht sie durchs Fernrohr und stößt einen freudigen Schrei aus. Dann setzt er das Fernrohr an sein Ohr, als wolle er so überprüfen, ob er auch richtig gesehen hat.

DRITTER GAUKLER / KÖNIG

He! Hahahaha! Was sehen meine himmelblauen Ohren? Was hören meine rosaroten Augen? – Kollegen! Fahrende Kollegen!

Er wirft das Fernrohr dem ersten Gaukler zu, der es auffängt, und schlägt ein Rad in Richtung Mario und Peppina, während er drei bunte, kleine Bälle aus dem Gewand holt.

Wir machen gleich eine Riesenshow, alle miteinander!

Er wirft die drei Bälle so schnell nacheinander in die Höhe, sodass sie einen Augenblick lang gleichzeitig in der Luft sind. Er versucht gar nicht, sie zu fangen, denn genau in diesem Augenblick fängt der erste Gaukler zu schimpfen an.

ERSTER GAUKLER   Bitte, Kaspar! Du weißt, du sollst dich in der Öffentlichkeit nicht so auffällig benehmen! Wir haben genug Schwierigkeiten!

MARIO   Schwierigkeiten? Was für Schwierigkeiten?

DRITTER GAUKLER / KÖNIG

Ach, er meint, weil Leute, die herumziehen, nicht überall gern gesehen werden.

MARIO   Ach so, das kennen wir aber auch, nicht wahr, Peppina?

Peppina nickt heftig.

MARIO   Gut, die Leute lachen, wenn sie einen sehen. Das ist auch recht so. Aber beim Autostoppen, zum Beispiel, da lachen sie auch und winken, und kein Einziger kommt auf die Idee, einen mitzunehmen. Clowns müssen wohl niemals irgendwo hin! Und glaubt ihr vielleicht, es würde uns mal jemand eine Limonade spendieren – oder eine Honigsemmel? Clowns leben offenbar von Lachen, Luft und Liebe …!

PEPPINA   *(hebt die Schultern und die Arme)* Das tun wir ja wirklich!

MARIO   *(gleiche Bewegung wie Peppina)* Ja! *(hebt Zeigefinger)* Oder ein Quartier finden …

PEPPINA   *(hebt auch den Zeigefinger)* … das sieht meist so aus: *(klopft in die Luft, stampft gleichzeitig mit dem Fuß auf, als würde sie an eine unsichtbare Tür klopfen)*

MARIO   *(mit verstellter Stimme)* He! Meine Tür!

PEPPINA   *(schüchtern)* Das sind nur wir!

MARIO   *(mürrisch, verschlafen)* Halloo? Wer daaa?

PEPPINA   Mariooo! Und Peppinaaa!

MARIO   *(reißt pantomimisch die Tür auf. Schaut verschlafen Richtung Peppina, dann reißt er plötzlich die Augen auf.)*
Guten Tag, Frau Clown! Guten Tag, Herr Clown! Was wollt ihr mitten in der Nacht? Ich habe heute schon gelacht.
Auf Wiederschaun! Auf Wiederschaun!
(knallt die Tür zu)

MARIO   *(nicht mehr verstellt)* Ich würde trotzdem wirklich gerne etwas mit euch zusammen spielen. Nur heute geht es nicht. Wir haben noch eine weite Wanderung vor uns.

PEPPINA   Und gutes Schuhwerk und ich soll mich nicht viel bewegen …

MARIO   Ja, meine Frau ist heute noch schwanger und in diesem Stadium können zum Beispiel Purzelbäume gefährlich werden …

PEPPINA   Ja, zum Beispiel Purzelbäume im Stadion sind zu gefährlich und außerdem müssen wir weiter, der dumme August will uns zählen …

Der Sprecher ist mittlerweile aufgetreten. Er hält sich abseits und horcht unbemerkt zu, was geredet wird. Beim Stichwort »dummer August« stutzt er und blättert verwirrt in seinem Buch.

DRITTER GAUKLER   Moment, davon haben wir doch auch schon etwas gehört …

ERSTER GAUKLER   Der Typ, der uns den Text für die

Königsszene gegeben hat, hat der nicht was von einer Volkszählung gesagt …

DRITTER GAUKLER Der uns losgeschickt hat …

PEPPINA Uns hat er auch losgeschickt, nach Bethlehem …

ERSTER GAUKLER Bethlehem, genau! Uns hat er gesagt, wir sollen uns in Bethlehem ein Kind anschauen gehen …

PEPPINA Und mir hat er gesagt, ich bekomme eins! – Aber nicht hier auf dem Feld, sondern – ja, wo eigentlich?

Sprecher macht, noch unbemerkt, einen Schritt auf die Gruppe zu und will sich bemerkbar machen.

DRITTER GAUKLER *(ihn nicht bemerkend)* Ein komischer Kerl ist das! *Sprecher hält verunsichert inne.*

DRITTER GAUKLER Der Text hat mir gefallen, den er uns gegeben hat, *(Sprecher strahlt, will sich wieder bemerkbar machen)* aber kaum sind wir mitten im Spiel, da kommt er und unterbricht uns …

PEPPINA Uns hat er auch immer unterbrochen. Und er hat gesagt, wir dürfen nicht lachen!

ERSTER GAUKLER Wisst ihr, was ich glaube? Irgendwie kommt er mir vor wie ein Spielverderber.

Der Sprecher hat sich, mittlerweile mehr und mehr verunsichert, auf Zehenspitzen ein paar Schritte abseits geschlichen. Nun hat er eine Idee und beginnt in seinen Taschen nach etwas zu suchen.

MARIO Aber das, was er aus dem Buch vorliest, interessiert mich schon!

ERSTER GAUKLER Er fängt nur immer im falschen Moment an, daraus vorzulesen, finde ich.

Der Sprecher hat gefunden, was er suchte: eine Faschingsbrille mit Nase und Schnurrbart, die er aufsetzt.

PEPPINA Wir erlauben ihm ganz einfach nicht mehr, dass er uns unterbricht. Und lachen will ich auch. Schließlich bin ich Clown. Das hat er selbst gesagt!

Der Sprecher tritt maskiert heran. Zeigt auf Peppina, nickt und klatscht und hält sich begeistert den Bauch vor Lachen – ohne Stimme.

MARIO Was ist das für ein Vogel?

Der Sprecher deutet mit einer Pantomime, dass auch er Clown ist und Gaukler und dass er froh ist, Kollegen gefunden zu haben. Er kann in diesem Rahmen beispielsweise Peppinas Nummer mit dem Schuh selbst vorführen, auf Peppina zeigen, klatschen und sich stumm den Bauch halten vor Lachen.

DRITTER GAUKLER Herzlich willkommen bei uns! Wohl auch unterwegs zur Volkszählung. Wir haben zwar kein Dach überm Kopf, das wir dir anbieten können, aber komm mit uns.

MARIO Kalt wird es und finster. Es ist höchste Zeit, dass wir uns um ein Quartier für die Nacht kümmern. Einfach wird das ja nicht werden.

Sprecher deutet ein Dach über dem Kopf an, dann in eine Richtung und dass alle dem zweiten Gaukler / Stern folgen sollen.

ZWEITER GAUKLER / STERN Ja! Da fällt mir ein, es soll hier irgendwo einen Stall geben … folgt mir nur nach.

Alle außer dem Sprecher ziehen dem Stern nach.

SPRECHER *(entfernt sich unauffällig von der abgehenden Gruppe. Tritt vors Publikum und nimmt die Brille ab. Erleichtert)* Sie folgen dem Stern! Sie folgen dem Stern!

Also, *(räuspert sich)* sie waren noch nicht weit,
da hat die Sonne sich versteckt.
So brach herein die Dunkelheit,
doch schimmernd über ihnen streckt
sich aus das klare Weltenall:
Planeten, Sterne überall …
Ein Stern steigt heut zu uns herab,
er leitet uns zu einem Stall,
ihm nach! Ihm nach! Setzt euch in Trab!
So, *(blättert im Buch)* was brauchen wir noch …
(liest) »Da waren Hirten in der Gegend …« – Aha, Hirten! *(bläst in eine Trillerpfeife)*

Hirten treten auf. Sie fahren auf Rollschuhen und ziehen Karton- oder Sperrholzschafe hinter sich her, die auf Skateboards befestigt sind. Die Hirten jodeln.

HIRTEN   Hätürütütü … Ja, Hallo-hallo!

SCHAFE   Mähähähähä, mähähähähä!

Die Hirten und Schafe umkreisen den Sprecher und machen allerhand Kunstücke. Die Schafe können auch von Personen gespielt werden.

SPRECHER   *(erschöpft)* Hallo!

    Bitte, ihr gehört dort hinüber. Dort ist der Stall.

HIRTEN   *(erfreut über jede Gelegenheit, bei dem sie ihr »Können« zeigen können)*

    Dort hinüber? Bitte sehr, bitte sehr.

    (Bewegen sich in die gewünschte Richtung)

SPRECHER   So, das wär's. Meine Pflicht hätt' ich getan. Alles Weitere geschieht von selbst. Anstrengend war's! Ich würde sagen, ich habe mir eine Pause verdient. Wo ist das nächste Gasthaus …

Der Wirt hat einen Tisch und zwei Stühle auf einer Hälfte der Bühne aufgestellt. Er steht mit dem Rücken zum Sprecher und betrachtet zufrieden die Möbelstücke. Der Sprecher tritt von hinten auf ihn zu, holt mit der Faust zum Klopfen aus und stampft dreimal mit dem Fuß, ohne aber dabei die Faust zu bewegen.

WIRT   He, meine Tür! Was ist hier los! Ich schlafe längst!

SPRECHER   Ich bin es bloß!

WIRT   *(»öffnet« die imaginäre Tür)*

    Ach, du, mein Freund, komm nur herein!

    Du Ärmster! Du musst hungrig sein!

Der Sprecher setzt sich und steckt sich sein Taschentuch als Serviette vor die Brust, der Wirt schleppt köstliche Speisen heran und setzt sich ebenfalls. Die beiden wollen gerade zu essen anfangen, da fällt dem Sprecher etwas ein:

SPRECHER   Moment, es ist ja Heilige Nacht!

    Der Schmuck!

WIRT   Ich hab daran gedacht!

Beide springen auf, der Wirt öffnet eine Kiste, aus der er Weihnachtsdekoration hervorholt und dem Sprecher reicht.

WIRT   Ich hätte das … und das … und das …

Sprecher und Wirt dekorieren damit schnell und ziemlich lieblos die Bühne.

SPRECHER   Hauptsache, es glänzt und baumelt was …

    So, fertig, »Horcht, wie froh es schallt!«

WIRT   Zu Tisch, sonst wird es wieder kalt!

Wirt und Sprecher greifen zu, führen jeder einen Bissen zum Mund, öffnen den Mund und erstarren in dieser Position.

Die anderen, auf der anderen Hälfte der Spielfläche, formen eine Gruppe, in der eindeutig die Anordnung der Figuren einer Weihnachtskrippe zu erkennen ist: Peppina als Maria, Mario als Josef, die Gaukler als Könige, umgeben von den Hirten und den Schafen.

Diese Gruppe singt in aufrichtiger Andacht ein Weihnachtslied.

ZWEITER GAUKLER / STERN   *(kommt nach vorn, in die Mitte)*

    Aber über alledem

    steht der Stern von Bethlehem.

DER VERIRRTE STERN

Anna Melach

Ein besonderes Bühnenbild ist nicht erforderlich.

DARSTELLER
in der Reihenfolge ihres Auftretens

Erster König
Zweiter König
Dritter König
Der Stern
Ein Vater
Eine Mutter

Drei Könige wandern mit Gepäck über die Bühne, eventuell mehrmals hin und her. Anzug und Gepäck können je nach Wunsch modern, »alt« oder neutral sein. Der Stern, von einem Kind auf einer Stange getragen, geht vor ihnen her. Lied (von einer oder mehreren Stimmen gesungen, eventuell mit Instrumenten begleitet), und zwar die ersten Zeilen des bekannten Sternsingerliedes.

LIED Es ziehn aus weiter Ferne drei Könige einher, sie kommen von den Bergen und fahren übers Meer …

ERSTER KÖNIG *(im Gehen)* Weit sind wir gewandert …

ZWEITER KÖNIG Viele Tage lang.

DRITTER KÖNIG Wir sind müde.

ERSTER KÖNIG Wie weit müssen wir noch gehen?

DRITTER KÖNIG Ich weiß es nicht.

ERSTER KÖNIG Ich auch nicht.

ZWEITER KÖNIG Ich auch nicht.

ERSTER KÖNIG Der Stern führt uns.

ZWEITER KÖNIG Wir ziehen ihm nach.

Stern eventuell mit Chor, singt die ersten Zeilen der zweiten Strophe.

STERN Die Könige, sie wandern und folgen ihrem Stern,
sie gehen zu dem Kinde, dem heil'gen Sohn des Herrn.

ERSTER KÖNIG Ich bin Kaspar. *(leichte Verbeugung zum Publikum)*

ZWEITER KÖNIG Ich bin Melchior. *(ebenso)*

DRITTER KÖNIG Ich bin Balthasar. *(ebenso)*

ERSTER KÖNIG Wir gehen dem Stern nach.

ZWEITER KÖNIG Er leuchtet Tag und Nacht, er führt uns.

DRITTER KÖNIG Wir wollen das Kind sehen und ihm Geschenke bringen.

Kleine Pause. Sie wandern weiter und bleiben stehen.

ERSTER KÖNIG Ich bin so müde. Wollen wir rasten?

Der Stern wird von dunklen Wolken verdeckt und geht dann ab.

ZWEITER KÖNIG Ja. Bleiben wir hier über Nacht.

DRITTER KÖNIG Tun wir das. Es ist schon so dunkel, dass man den Stern kaum mehr sehen kann.

ERSTER KÖNIG *(nachdenklich)* Seltsam. Eigentlich sollte man den Stern bei Nacht doch viel besser sehen können als bei Tag!

ZWEITER KÖNIG Das ist richtig.

DRITTER KÖNIG Aber wo ist der Stern geblieben?

ERSTER KÖNIG Ich sehe ihn nicht mehr.

ZWEITER KÖNIG Ich auch nicht.

DRITTER KÖNIG Der Himmel ist bedeckt.

ZWEITER KÖNIG Der Himmel ist voll schwarzer Wolken.

ERSTER KÖNIG Bleiben wir hier bis zum Morgen. Bis dahin wird es schon aufklaren.

ZWEITER KÖNIG Ja, bleiben wir hier.

Die drei Könige lassen sich zur Rast nieder.

DRITTER KÖNIG Ich habe Hunger.

ZWEITER KÖNIG Ich auch.

ERSTER KÖNIG Ich auch.

Sie packen Vorräte aus, essen, hüllen sich in Decken. Es wird dunkler. Dazu, nur instrumental oder gesummt, das Lied, diesmal die ganze Melodie.

ERSTER KÖNIG *(steht auf, blickt suchend am Himmel umher)*

ZWEITER KÖNIG Suchst du den Stern?

ERSTER KÖNIG Ja. Ich finde ihn aber nicht. Der Himmel ist jetzt ganz und gar schwarz.

ZWEITER KÖNIG *(blickt ebenfalls suchend himmelwärts)* Unheimlich.

DRITTER KÖNIG Vielleicht hat sich der Stern verirrt.

ZWEITER KÖNIG Leicht möglich in dieser Dunkelheit.

ERSTER KÖNIG Ihr habt Recht. Er muss sich verirrt haben. Und jetzt kann er uns nicht mehr finden.

ZWEITER KÖNIG Gehen wir schlafen. Morgen sieht alles anders aus.

Die drei Könige legen sich nieder und decken sich zu.

Es wird hell. Morgen. Der Himmel ist düster bedeckt.

ERSTER KÖNIG *(räkelt sich)* Guten Morgen! Wir müssen weiter. *(wickelt sich aus der Decke)*

ZWEITER KÖNIG   *(ebenso)* Gut, gehen wir weiter.

DRITTER KÖNIG   Aber wo ist der Stern? *(wickelt sich auch aus)*

Während sie zusammenpacken, die Decken zusammenlegen usw., sprechen sie weiter.

ZWEITER KÖNIG   Ja, wo ist der Stern?

ERSTER KÖNIG   Ich kann ihn nicht sehen.

DRITTER KÖNIG   Wieso ist der Himmel noch immer so dunkel – es ist doch schon Tag.

ERSTER KÖNIG   Der Himmel ist dunkel von den schwarzen Wolken.

ZWEITER KÖNIG   Das sind keine gewöhnlichen schwarzen Wolken. Das sind Rauchwolken.

DRITTER KÖNIG   Und der Stern ist nicht zu sehen.

ERSTER KÖNIG   Der Himmel ist ganz schwarz und riecht nach Feuer.

DRITTER KÖNIG   Unheimlich.

ZWEITER KÖNIG   Wir müssen trotzdem weiter. Wir müssen das Kind finden. Gehn wir in dieselbe Richtung wie gestern.

ERSTER KÖNIG   Dorthin *(er zeigt in eine Richtung)* müssen wir gehen.

ZWEITER KÖNIG   Nein, von dort sind wir gekommen, da müssen wir gehen. *(zeigt in eine andere Richtung)*

DRITTER KÖNIG   Ich glaube *(zeigt wieder in eine andere Richtung),* wir müssen dorthin.

ERSTER KÖNIG   Gut, versuchen wir's hier.

Sie ziehen langsam ab. Lied, gesungene erste Strophe oder instrumental. Die Könige kommen wieder, ziehen eventuell ein paarmal hin und her.

Stern, von den Königen unbemerkt, tritt auf und singt.

STERN   Die Könige, sie wandern und folgen ihrem Stern.
Sie gehen zu dem Kinde, dem heil'gen Sohn des Herrn.
Der Stern ging fast verloren und ihre Hoffnung auch.
Die Könige, sie irren durch Dunkelheit und Rauch.
Ich muss sie wiederfinden und auch das kleine Kind,
weil wir sonst allesamt ewig verloren sind. *(ab)*

ERSTER KÖNIG   Jetzt wandern wir schon viele Tage, und der Stern ist immer noch verschwunden.

ZWEITER KÖNIG   Und der Himmel ist immer noch voll Rauch.

DRITTER KÖNIG   Vor dem Weltuntergang könnte es nicht dunkler sein.

ERSTER KÖNIG   Es ist, als würde es nie mehr hell.

ZWEITER KÖNIG   Hör auf, sprich nicht so, das ist ja furchtbar!

DRITTER KÖNIG   Es wird immer dunkler.

ZWEITER KÖNIG   Wir sind hierhin gewandert und dorthin.

DRITTER KÖNIG   Und jetzt kennen wir uns überhaupt nicht mehr aus.

ERSTER KÖNIG   Wir haben uns verirrt.

ZWEITER KÖNIG   Der Stern hat sich verirrt. Nicht wir.

DRITTER KÖNIG   Jedenfalls können wir ihn nicht mehr sehen.

ERSTER KÖNIG   Und wir sollten schon längst bei dem Kinde sein. *(kleine Pause)*

ZWEITER KÖNIG   Vielleicht finden wir es nie.

ERSTER KÖNIG   Nein, nein! Sag so was nicht! Wir dürfen die Hoffnung nicht verlieren!

DRITTER KÖNIG   Seht, dort vorn ist ein Licht!

ZWEITER KÖNIG   Der Stern?

DRITTER KÖNIG   Nein, es ist ein Haus.

ERSTER KÖNIG   Gehen wir hin!

Sie gehen langsam ab.

Vorhang. Falls es keinen Vorhang gibt, kann direkt auf der Bühne das »Haus« aufgebaut werden, und zwar das Innere einer armen Hütte, ein Tisch, ein paar Sessel, vielleicht ein Bett oder eine Lagerstatt. Es könnten auch nur Kisten sein. Die Leute, welche die Einrichtung gebracht haben, gruppieren sich im Raum. Sie könnten irgendetwas tun, vielleicht essen. Es ist auf jeden Fall eine junge Frau mit Baby und der Vater, es kann aber auch eine größere Familie sein, Großeltern, weitere Kinder, Tanten, Onkel …

Es klopft.

VATER ODER MUTTER   Herein!

Die drei Könige treten ein.

ERSTER KÖNIG   Guten Abend. Wir haben euer Licht gesehen.

ZWEITER KÖNIG   Dürfen wir hereinkommen?

VATER   Kommt nur!

ERSTER KÖNIG   Ich bin Kaspar.

ZWEITER KÖNIG   Ich bin Melchior.

DRITTER KÖNIG   Ich bin Balthasar.

MUTTER   Möchtet ihr etwas trinken?

DRITTER KÖNIG   Ja, gern.

Mutter füllt drei Becher aus einem Krug, gibt sie den Königen, die bedanken sich und trinken.

ERSTER KÖNIG   Wir haben uns verirrt. Wir haben schon gedacht, wir ziehen dem Weltuntergang entgegen.

DRITTER KÖNIG   Überall sind Rauchwolken.

ERSTER KÖNIG   Und dann haben wir euer Licht gesehen.

ZWEITER KÖNIG   Wir konnten den Stern nicht mehr sehen.

VATER   Den Stern? Was für einen Stern?

DRITTER KÖNIG   Ja, den Stern, der uns zu dem Kinde führen soll.

Die drei Könige stellen sich auf und singen.

KÖNIGE   Das Kindlein ist geboren,
so wunderlieb und klein,
das schönste Kind auf Erden
im goldenen Himmelsschein.

ERSTER KÖNIG   *(sieht das Baby an und hat plötzlich eine Idee. Zur Mutter)* Heißen Sie vielleicht Maria?

MUTTER   *(erstaunt)* Nein.

ERSTER KÖNIG   *(zum Vater)* Oder heißen Sie Josef?

VATER   Nein, warum?

ZWEITER KÖNIG   Aber das Kind …

MUTTER   *(freundlich)* Es ist unser Kind. Drei Wochen ist es alt!

ERSTER KÖNIG   Genauso alt müsste das göttliche Kind sein, das wir suchen.

Stern tritt auf und singt.

STERN   Ein Kindlein ist geboren,
so wunderlieb und fein,
das schönste Kind auf Erden
im goldenen Himmelsschein.
Einst kam ein andres Kindchen vom hohen Himmel nieder,
das sprach: »O, liebt und hütet alle meine Brüder.«

Mutter und Vater, eventuell auch die anderen, sehen erstaunt drein, sagen aber nichts. Die drei Könige stecken die Köpfe zusammen und tuscheln.

ERSTER KÖNIG   Sie haben ein kleines Kind.

ZWEITER KÖNIG   Es sind arme Leute.

DRITTER KÖNIG   Sie haben uns freundlich bewirtet.

ERSTER KÖNIG   Und das Kind – schau, wie es lacht!

ZWEITER KÖNIG   Es schaut so weise drein.

DRITTER KÖNIG   Und voller Liebe.

ERSTER KÖNIG   Und voller Hoffnung.
(Er macht eine kurze Pause.) Ein Wunder!

STERN   Jedes Kind ist ein Wunder.

DRITTER KÖNIG   Es lacht so lieb!

ZWEITER KÖNIG   Und so glücklich.

ERSTER KÖNIG   Geben wir unsere Geschenke diesem Kind hier?

ZWEITER KÖNIG   Das ist eine gute Idee!

DRITTER KÖNIG   Ja, tun wir das.

Sie kramen ihre Geschenke aus dem Gepäck hervor und bringen sie dem kleinen Kind.

ERSTER KÖNIG   Hallo, du Kleines!

ZWEITER KÖNIG   Du kleines Wunder!

DRITTER KÖNIG   Alles Gute!

Sie verabschieden sich und gehen ab. Währenddessen singt der Stern und alle andern fallen ein.

LIED   Ein Kindlein ist geboren,
so wunderlieb und klein,
das schönste Kind auf Erden
im goldenen Himmelsschein.
Dem haben die drei Könige Geschenke dargebracht
und ziehen nun von dannen, noch in derselben Nacht.

Stille-Nacht-Party unter der Erde

Anna Melach

Bühnenbild: In der Mitte der Spielfläche steht eine Bank, in unmittelbarer Nähe ein Mülleimer, dahinter Schilder, Plakate und Ähnliches, woraus hervorgeht, dass wir uns im U-Bahn-Bereich befinden. Im Vordergrund liegen die Reste einer eilig abgebrochenen Straßenverkaufsaktion: eine geknickte Werbetafel, vielleicht ein paar Flugblätter, weiße Styroporkringel, wie sie oft als Schaufensterdekoration verwendet werden, und auf jeden Fall einige große, goldene Pappsterne mit Kometenschweif.

DARSTELLER
in der Reihenfolge ihres Auftretens

Chris, ein junger Mann
Albert
Eine alte Frau
Ali, ein Zeitungsverkäufer
Ein Mann
Seine Frau
Ein schlafendes kleines Kind

CHRIS *(einen zusammengeschnürten Schlafsack tragend – sonst kein Gepäck! – sich umsehend daherstelzend, zufrieden)* Herrliche Ruhe, da herunten! *(hebt einen Pappkometen auf)* Alle sitzen schön zu Hause, stopfen sich mit Vanillekipferln voll und haben einander lieb. Brav, brav. Aber ohne mich, bitte. *(wirft den Schlafsack Richtung Bank, setzt sich auf die Bank und streckt die Beine aus)* So, und da sitz ich jetzt ... Bis übermorgen.

ALBERT *(kommt mit einer großen Plastiktüte in der einen Hand, in der anderen einen goldenen Pappkometen, eine Flasche ragt aus der Tasche seines Sakkos. Er ist jedoch keine Spur betrunken. Auch er sieht sich zufrieden um.)* Ah! Endlich ist Ruhe hier. Jetzt werden wir zuerst einmal ein bisschen Verschönerung anbringen ... *(will mit dem Stern zur Bank und entdeckt Chris)* – He! Da sitzt ja wer auf meiner Bank!

CHRIS *(rutscht blitzschnell ans Ende der Bank und zieht die Beine an)* Ham Sie sie gekauft? Na, dann werd ich sofort aufstehen, wenn die Ihnen gehört! *(bleibt mit angezogenen Beinen in der Luft sitzen und sieht Albert mit weit offenem Mund und aufgerissenen Augen affektiert an)*

ALBERT *(nach einem Augenblick)* Natürlich hab ich sie gekauft! Aber (geht mit lauernden Schritten auf das leere Ende der Bank zu) du musst es nur sagen, wenn sie jetzt ... *(legt mit ausgestrecktem Arm eine Handfläche auf die Bank)* ... dir gehört! *(Er reißt die Augen auf, verdreht sie so, dass möglichst viel vom Weißen zu sehen ist, und lässt seine Zunge aus dem Mund hängen. Die beiden bleiben vorläufig in dieser Patt-Stellung.)*

EINE STIMME *ist zu hören, die singt:* »... da liegt nun das Kindlein, auf Heu und auf Stroh, Maria und Josef ...«

ALTE FRAU *(tritt auf. Sie trägt ein Kopftuch und eine große Handtasche. Sie ist es, die singt. Sie singt vor sich hin und entdeckt den Müll- und Kometenhaufen, nimmt, immer noch singend, einen Kometen)* ... betrachten es froh, der Ochs und der Esel – (in die-

sem Augenblick bemerkt sie die beiden, die immer noch reglos verharren. Nach kurzem Zögern setzt sie sich in die Mitte der Bank, da dort eigentlich sehr viel Platz ist, und schaut angestrengt auf ihren Stern)

Die beiden lösen sich aus ihrer Erstarrung und schauen auf die alte Frau. Diese merkt die Blicke, wendet unsicher den Kopf hin und her, aber nicht so weit, dass sie die beiden ansehen müsste. Dann sieht sie doch erst auf Albert, dann auf Chris. Die beiden schauen jedoch nicht die alte Frau an, sondern fixieren den Stern, den sie auf dem Schoß hält.

ALTE FRAU Ganz schön viele Sterne liegen heute herum, so einfach auf der Straße ... kann man doch nicht einfach liegen lassen ...

CHRIS Alles zum Wegschmeißen, die Sterne, die verstorbenen Fische am Tisch, sinnloses Zeug in hässliches Papier gewickelt ... wirklich abartig!

ALTE FRAU *(erbost)* Versündige dich nicht! Wir in eurem Alter wären froh gewesen über ein Stück Karpfen zu Weihnachten, wir waren froh, wenn wir an den Feiertagen wenigstens ein paar Stunden heizen konnten! Und wenn einer ein Ei mitgebracht hat, war das ein Fest!

CHRIS Mir kommen die Tränen.

ALTE FRAU *(schreit fast)* Und zum so ... Herumsitzen haben wir keine Zeit gehabt ... Da war der Krieg da ...

CHRIS – Der Krieg, der Krieg, ich kann nichts dafür, dass ich den Krieg nicht erlebt hab ...

ALBERT Heute Abend ist Friede, verstanden!

ZEITUNGSVERKÄUFER *(tritt auf. Er trägt zwei verschnürte Packen Zeitungen und schimpft vor sich hin)* Zu Weihnachten will niemand Schreckensmeldungen lesen! *(knallt die beiden Packen auf den Boden und betrachtet sie schmerzvoll)*

ALBERT He, Ali, mein Freund, komm her! Wir sitzen da gerade so gemütlich zusammen, ein paar Freunde, und feiern Weihnachten!

ZEITUNGSVERKÄUFER *(dreht den Kopf zur Bank hin)* Guten Abend. He, Albert.

Chris und die alte Frau rücken spontan zusammen, im nächsten Augenblick rückt die alte Frau von Chris weg und beide nehmen eine abweisende Haltung Ali gegenüber ein. Ali bleibt stehen.

ALBERT   Du musst dir schon einen Stern dort holen, das gehört dazu, zu unserer Party! *(Er steht auf, holt noch einen Kometen für Ali, drückt ihn ihm in die Hand, legt die Hand auf seinen Rücken und schiebt ihn zur Bank.)* Los, komm! Die Bank gehört zwar jetzt unserem jungen Freund, er hat sie nämlich vorhin gekauft. Aber ich kauf sie ihm jetzt ab. Damit! Pass auf! Hokuspokus … *(greift in den Müllkorb, zieht ein schön verpacktes Päckchen mit Schleife hervor und überreicht es Chris)*

Und Sie, gnädige Frau, haben doch soeben noch gesungen – wie war das – *(singt)* Ihr Kinderlein, kommet, so kommet doch all …

Da Albert wirklich schön singt, singt die alte Frau mit. Auch Chris brummt mit, vorgebend, vom Text keine Ahnung zu haben. Sie singen das Lied mit zwei bis drei Strophen, während Ali, interessiert und zunehmend lächelnd, dieses fremde Kulturerlebnis studiert und dabei unbewusst an seinem Stern hantiert.

CHRIS   Eine nagelneue CD! *(packt sie aus)* Wahnsinn, Mann, wo hast du die denn her!

Albert zwinkert der alten Frau zu. Diese wird, ob sie will oder nicht, von Chris' Begeisterung ein wenig versöhnt und blickt nicht mehr ganz so böse zu ihm hin. Chris reißt die Packung auf.

CHRIS   Na, ehrlich! He!

ALBERT   Du, nicht der Rede wert. Das hat mir vorhin einer im Vorbeigehen zugesteckt, »ich und meine Frau haben sie versehentlich gleichzeitig gekauft, zweimal brauchen wir sie nicht. Frohe Weihnachten …« Der hat wahrscheinlich geglaubt, ich hab auf meiner Bank einen CD-Player eingebaut. – Verzeihung, auf deiner Bank – ah, nein! Eh auf meiner Bank. *(lacht)* »Meine Bank«, wie das klingt!

ALI   *(zu Chris)* Ich kann dir leider keine CD schenken!

CHRIS   Ich will keine Geschenke, da hätt' ich nämlich daheim bleiben können, Vanillekipferln vernichten, mit meinen Lieben. Setz dich endlich, wir sind nicht in Südafrika … Ich meine, bevor der Mandela Präsident wurde.

ALTE FRAU   Ich verstehe nichts von Politik, aber weil Sie was von Vanillekipferln gesagt haben … *(öffnet ihre Handtasche und raschelt)*

CHRIS   Das darf doch nicht wahr sein! *(nimmt gierig ein paar Vanillekipferln und stopft sie in den Mund. Amüsiert, mit vollem Mund, in plötzlicher Eingebung gemeinsam mit Albert)*

CHRIS UND ALBERT   Stopf! Stopf! Stopf!

Alle werden von der alten Frau mit Vanillekipferln versorgt, auch Ali, weil sie es Angesicht zu Angesicht nicht schafft und auch plötzlich keinen Grund hat, ihm nichts zu geben. Stimmen werden laut. Sie sprechen nicht deutsch. Im Idealfall ist das nun auftretende Paar – ebenso Ali – mit Jugendlichen besetzt, die eine Gastarbeiter oder Asylanten repräsentierende Fremdsprache beherrschen. Sollten keine solchen Jugendlichen für das Spiel verfügbar sein, so gehört es zum Spielen dieses Stückes, ein paar Sätze in einer solchen Sprache gelernt zu haben.

STIMMEN DES PAARES

Ali ist aufgesprungen. Ein Mann und eine Frau treten auf, einer von ihnen trägt ein schlafendes Kind. Zwischen Ali und dem Mann entsteht ein aufgeregter Wortwechsel. Sie streiten laut, wobei Ali eher versucht zu beschwichtigen. Zuletzt sagt

ALI   *(in der Fremdsprache)* Gib doch Ruh, du weckst ja sonst noch dein eigenes Kind auf!

FRAU   *(in der Fremdsprache zu dem Mann)* Er hat Recht. Er hat uns nichts getan!

ALTE FRAU   Die bringen sich hier nur gegenseitig um! Das sollen sie dort ausmachen, wo sie herkommen. Aber nicht bei uns.

CHRIS   (punktend) Und sie fanden keinen Platz in der Herberge!

ALTE FRAU   (schaut verblüfft zu Chris) Da hast du Recht, ja, ich muss sagen, da hast du Recht …

ALBERT   (ist inzwischen aufgesprungen und hat Kometen geholt, die er den beiden in die Hand drückt) So, und jetzt setzt euch, alle miteinander! Auf unserer Bank wird nicht gestritten (schaut zu Chris), nicht wahr? Bei uns ist auch schon der Mandela!

FRAU   (in der Fremdsprache, verunsichert) Was sagt er?

ALI   (in der Fremdsprache) Nichts, ein Witz. (zu den anderen) Sie haben den Bus ins Flüchtlingsheim verpasst, sagen sie.

MANN   (betrachtet Ali aufmerksam. Dann, eine Speise aus einem Papier auspackend, die offenbar eine Spezialität aus Alis Heimatland ist, in der Fremdsprache) Da ist was für dich!

ALI   (lächelt zum Einpackpapier hin) Oh! (nennt den Namen der Speise. Dann sagt er noch etwas zum Mann in der Fremdsprache: – übersetzt) Hier wird es anders zubereitet als in meiner Heimat, aber es ist im Grunde fast dieselbe Speise.

MANN   (fordert Ali mit energischer Geste auf, sich davon zu nehmen, in der Fremdsprache) Nimm!

ALTE FRAU   (reicht ihre Vanillekipferln der Frau hin. Zu Ali) Sagen Sie ihr, das sind Vanillekipf-er-l-n … kipfl … Vanillekipferln halt.

ALI   (zur Frau) Vanillekipferln!

FRAU   Vanillekipferln!

MANN   (zustimmend brummend) Vanillekipferln.

CHRIS   Vanillekipferln! Und sie wurden Brüder!

ALBERT   Aber damit ist das Schlafproblem noch lange nicht gelöst. Darüber sollten wir jetzt sprechen, nämlich bevor das Kind aufwacht. (zu Chris) Also, du … gehst dann nach Hause …

CHRIS   Moment mal! Es wird doch noch genug Bänke geben.

ALBERT   Wird es nicht, mein Junge, du hast dich nicht richtig umgeschaut … es gibt kaum noch eine Bank in der U-Bahn, alles lauter Sessel, damit unsereins von der Bildfläche verschwindet … glaub mir, ich weiß, wovon ich rede.

CHRIS   Das ist ja entsetzlich!

ALBERT   Das ist nicht entsetzlich, aber wer ein Bett hat, soll anderen die Bänke überlassen.

Währenddessen haben Ali und der Mann etwas miteinander besprochen. Ali schreibt etwas auf einen Zettel.

ALTE FRAU   (holt zwei Zehn-Euro-Scheine hervor. Sie legt sie zu dem Kind, das mittlerweile auf die Bank gebettet wurde. Verlegen) Ich weiß nicht, für ein Hotel wird das wahrscheinlich zu wenig sein …

ALI   Ich hab Ihnen meine Adresse aufgeschrieben. (Er legt einen Zettel und Schlüssel ebenfalls zu dem schlafenden Kind.) Sie sollen mit dem Taxi hinfahren. Ich bleibe heute hier, bei meinem Freund Albert. Ich muss genaugenommen in … (rechnet nach) … viereinhalb Stunden wieder hier sein, oben, auf der Kreuzung, das zahlt sich für mich nicht aus, jetzt noch zu Hause zu schlafen …

Der Mann und die Frau wollen das Geld nicht nehmen.

ALTE FRAU   Ich hab's selbst gerade bekommen. Bei meinen Enkerln war ich feiern, und dann ist noch wer gekommen, von der Firma, und ich hab gesagt, schon gut Kinder, ich bin eh schon so müde, und da hat mir mein Sohn die zwanzig Euro für ein Taxi gegeben – (lacht) Ich wollt's auch nicht nehmen und jetzt ist es gut, dass ich's genommen hab …

Ali hat es den beiden schnell übersetzt. Die beiden nicken.

MANN UND FRAU   Vielen Dank!

ALTE FRAU   (erleichtert) Frohe Weihnachten!

MANN UND FRAU   Danke vielmals!

ALTE FRAU   Ach, entschuldigen Sie, Sie feiern doch gar nicht Weihnachten, oder?

ALI   Nein, wir sind Muslim.

ALTE FRAU Entschuldigung!

ALI *(höflich)* Dafür, dass wir Muslim sind, müssen Sie sich nicht entschuldigen!

CHRIS *(ehrlich erstaunt zur Frau, die sich die Jacke auszieht)* Ist Ihnen so heiß? *(merkt, dass die Frau das Kind damit einwickeln will)* Warten Sie! *(nimmt seinen Schlafsack und legt ihn zum Kind. Eifrig)* Der ist auch eine Decke! Da kann man den Reißverschluss ganz aufmachen und ihn ausbreiten! *(zu Ali)* Erklären Sie's ihr bitte! Also dann, tschüs! *(will hastig gehen)*

ALTE FRAU Chris heißt du, Chris! Könntest du mich ein Stück nach Hause begleiten, ich hab Angst, da sind manchmal diese jungen Leute in der Passage … Ich weiß schon, du bist auch jung, aber bei dir ist das was anderes …

CHRIS Warum?

ALTE FRAU Na, dich kenn ich halt … oder Entschuldigung, ich bin schon ganz durcheinander heute, irgendwie ist es so weihnachtlich da bei euch. *(fängt kurz zu weinen an, Ali gibt ihr ein Taschentuch, die alte Frau schneuzt sich)* Danke, es war so schön bei euch! *(zu Chris, mit verstopfter Nase)* Ich wohne auch ganz in der Nähe …

ALBERT Dann fahrt doch alle mit dem Taxi! *(zu Chris)* Du auch. Das wird schon gehen.

ALTE FRAU *(unterbricht die Aufbruchssituation)* Moment! Aber eines müssen wir noch tun! *(fängt an »Stille Nacht, Heilige Nacht« zu singen)*

Die anderen, schon stehend, das schlafende Kind bereits auf dem Arm, sind zum Publikum gewandt und singen mit oder versuchen es.

Die Frösche von Bethlehem

Alexander Melach

Die Beschreibungen des Bühnenbildes sowie der benötigten Requisiten finden sich jeweils vor den einzelnen Bildern.

Darsteller

Stern
Fisch
Libelle
Entenpaar
Frösche
Maria
Josef
Grauer (der Esel)
Bulli (der Ochs)
Erste Gestalt
Zweite Gestalt
Chauffeur
Erster König
Zweiter König
Dritter König
Baggerführer
Erster Bauarbeiter
Zweiter Bauarbeiter

1. BILD

Der Froschteich: in Tücher eingebettet und nach drei Seiten von Tischen abgegrenzt. Blaue und grüne Stoffbahnen, die in Tischhöhe über den Teich gespannt sind, deuten die Wasseroberfläche an. Seerosen schweben auf ihnen (mit Seidenpapier beklebte Luftballons). Auf den hinteren Tischen befindet sich der »Weg nach Bethlehem«, der am Teich vorbeiführt. Im Teich und an seinen Rändern liegen reglos die Teichbewohner in der Winterstarre oder dösen vor sich hin: Frösche, Fisch, Libelle und das Entenpaar. Der Stern zieht vorbei: Ein gelbes, sandgefülltes Säckchen wird an einer starken Schnur geschwungen. Der Kometenschweif besteht aus langen flammenden Krepppapierbändern. Der Stern ist links von der Spielfläche aufgetaucht und beschreibt nun Kreise und Schleifen über dem Teich. Der Fisch schnappt nach ihm. Der Stern zieht weiter und verschwindet Richtung Stall. (Der Teich ist links, der Stall ist rechts und durch eine senkrecht herabhängende Decke dargestellt, hinter der sich nach und nach die Anreisenden versammeln. Sie werden erst in der Stallszene wieder sichtbar, wenn die Decke an den herabhängenden Ecken wie ein Dach hochgezogen – oder einfach weggenommen wird.)

2. BILD

Der Froschteich erwacht: Die Libelle surrt umher, der Fisch schnappt nach ihr, die Enten beginnen sich zu putzen und zu schwatzen, die Frösche regen sich und aus einzelnen Lauten wird ein großes Froschkonzert.

3. BILD

Die zwei Gestalten kommen des Weges. Sobald sie die Tische betreten, fliegen die Enten schnatternd und schimpfend auf und das Froschkonzert bricht ab.

ERSTE GESTALT Ganz schön weit ist es nach Bethlehem! Komm, wir machen eine Pause.

ZWEITE GESTALT Ich bin auch dafür! Schau, da ist ein Stein. *(sie setzen sich)* Und jetzt muss ich etwas trinken! *(kramt eine Limonadendose hervor, öffnet sie, trinkt)* Ah! – Willst du auch?

ERSTE GESTALT Au ja, gern – danke! *(trinkt leer)* Ah! *(betrachtet die leere Dose)* – Schau, ich schenk dir etwas!

ZWEITE GESTALT Danke, brauch ich nicht!

ERSTE GESTALT Gefällt sie dir nicht? Ist doch wunderschön!

ZWEITE GESTALT Eben, dann behalte sie! *(steht auf)* Wirf sie doch selber fort. Gehen wir. *(Erste Gestalt spielt mit der Dose, zielt unschlüssig in verschiedene Richtungen und wirft sie dann in den Teich. Im nächsten Moment wird aus einem Schlitz im Tuch eine Riesenlimonadendose mindestens von der Größe einer Waschpulvertrommel in den Teich gerollt – auf die Frösche)* He, komm endlich! Ich glaube, dort vorne ist schon der Stall. *(beide ab)*

4. BILD

Das Froschkonzert fängt wieder an. Das Leben im Teich geht weiter. Ab und zu stößt sich der Fisch an der Riesendose oder ein Frosch stolpert darüber. So rollt sie hin und her. Auch das Fahrrad, das von Anfang an im Teich liegt, von Schlingpflanzen bewachsen, und vielleicht ein alter Regenschirm engen die Tiere ein.

5. BILD

Motorgeräusche. Der Chauffeur (mit Mütze) wird sichtbar. Er »fährt« die drei Könige pantomimisch heran, die hinter ihm hertrippeln.

ERSTER KÖNIG Mit diesem Schneckentempo kommen wir dem Stern nicht nach!

CHAUFFEUR Der Weg wird immer schlechter.

ZWEITER KÖNIG Aber wenn wir so weiterfahren, werden wir den Stern noch ganz aus den Augen verlieren.

CHAUFFEUR Und wenn ich schneller fahre, werden wir ein Rad verlieren! *(gibt trotzdem Gas)*

DRITTER KÖNIG *(zu den Zuschauern):* Ich bin ja schon neugierig, wo uns dieser Stern noch überall hinfüh... *(mit einem Ruck und einem Geräusch bleibt der »Wagen« stehen)*

CHAUFFEUR   Bitte, meine Herren, was habe ich gesagt? *(steigt aus und sieht nach, was passiert ist)* Ein schöner Salat!

DIE DREI KÖNIGE *(zusammen)*   Haben wir ein Rad verloren?

CHAUFFEUR   Nein, dafür haben wir etwas bekommen: einen Platten. Zum Glück gibt es das Reserverad. Ich muss das Rad wechseln. *(wechselt pantomimisch das Rad, betrachtet es)* Das ist ja total kaputt! Das werf ich gleich in den Teich. Da ist sowieso schon genug Zeug darin. *(wirft oder rollt das Rad pantomimisch in den Teich. Im nächsten Moment wird aus dem Schlitz im Tuch ein möglichst großer, aufgeblasener und mit Flicken dekorierter Autoreifen (oder evtl. Schwimmreifen) in den Teich gerollt – auf die Frösche.)* So, Glück gehabt, wir können weiterfahren. *(sie fahren weiter)*

ERSTER KÖNIG   Diesen Sumpf da sollte man auch trockenlegen und die Straße ausbauen lassen!

ZWEITER KÖNIG   Ja, und zwar möglichst bald. Schließlich ist das der Weg, den ein Stern uns gezeigt hat!

DRITTER KÖNIG   Wenn wir in die nächste Ortschaft kommen, schicken wir gleich einen Bagger hin! *(sie fahren ab)*

6. BILD

Baggerlärm: Von rechts (Richtung Bethlehem) kommt der Baggerführer »gefahren«. Er betätigt zischende Hebel, fährt vor und zurück, rattert … Mit ihm kommen, zu Fuß, die beiden Bauarbeiter.

ERSTER BAUARBEITER   Das hat uns gerade noch gefehlt. Jetzt können wir um diese Zeit den Teich zuschütten.

ZWEITER BAUARBEITER   Und ich hab gemeint, wir hätten Ferien. Nur weil die Herrschaften jetzt durchfahren möchten, ist die Straße plötzlich schlecht.

Einer der Tische wird so verschoben, dass der Teich verkleinert wird und die Spannung der Wasseroberfläche zusammensackt. Einzelne Seerosen, die durch mit Seidenpapier beklebte Luftballons dargestellt sind, werden zerplatzt

(Stecknadel auf Schaufel oder in der Hand), Schlingpflanzen werden vom Fahrradgestell gerupft usw. Der Fisch springt wie wild umher, die Frösche hocken sich vor den Bagger oder klammern sich an die Füße der Bauarbeiter …

BAGGERFÜHRER   He, Frösche, weg da! Sonst überfahr ich euch, dann seid ihr tot.
(Die Tiere des Teiches behindern weiterhin den Bautrupp bei der Arbeit. Die Bauarbeiter schimpfen vor sich hin.) So können wir nicht weiterarbeiten, wenn die Tiere da herumspringen. *(blickt sich ratlos um)* Dunkel wird es auch schon.

ERSTER BAUARBEITER   Es ist ohnehin Feierabend. Machen wir morgen weiter. *(zu den Tieren)* Hu! *(Bagger und Bauarbeiter ab)*

7. BILD

Sehr zaghaft beginnt das Leben im Teich von neuem seinen Lauf zu nehmen. Einzelne Stimmen werden laut, ein richtiges Froschkonzert entsteht nicht. Es sieht aus, als würden sich die Tiere zu einer Art Sitzung zusammenfinden. Einzelne Frösche geben kurz und quakend ihre Meinung ab, aber auch die anderen Teichbewohner, Fisch, Libelle, Enten, kommen einer nach dem anderen zu »Wort«. Plötzlich erscheint der Stern. Er vollführt einen Tanz in Richtung des Stalles. Die Tiere folgen ihm, als wollten sie die Ursache all der Störungen ausfindig machen.

8. BILD

Der Zug erreicht den Stall von Bethlehem. Die Decke ist nun fort. Alle außer dem Bautrupp stehen bei Maria, Josef und dem Kind. Die Tiere springen und fliegen und watscheln hinein, eines nach dem anderen.

Wichtig: Die Menschen und die Tiere handeln und sprechen niemals gleichzeitig, sondern immer nacheinander. Wenn ein Mensch spricht, sind die Tiere ruhig und umgekehrt, weil sonst viel vom Text und vom Spiel verloren geht. Auch wenn eines der Tiere hervortritt, sind die anderen

Tiere ruhig, außer beim Froschkonzert. Aber auch dort steigen die Tiere nacheinander ein, am besten in einer abgemachten Reihenfolge, die auch bei den »Umzügen« der Tiere beibehalten wird.

MARIA   Josef, schau, ein Frosch!

Frosch springt quakend umher.

JOSEF   Da ist noch einer, Maria!

Alle Frösche springen in den Stall und quaken.

ERSTE GESTALT   Der ganze Stall ist ja voller Frösche!

ERSTER KÖNIG   Das ist vielleicht eine schöne Libelle!

Libelle summt umher.

ZWEITER KÖNIG   Und die zwei Enten da!

Schnattern, Putzen, Umherwatscheln.

DRITTER KÖNIG   Was die wohl hier zu suchen haben!

ZWEITE GESTALT   Und das alles mitten im Winter!

MARIA   Dort ist ja sogar ein Fisch!

Fisch springt und blubbert.

JOSEF   Was?

MARIA   Doch, dort ist ein Fisch! *Fisch macht weiter wie oben.*

JOSEF   *(kratzt sich am Kopf)* Hm!

CHAUFFEUR   Frösche und Libellen im Winter und ein Fisch, der an Land geht – das ist ja ein Wunder!

Die Tiere vom Teich bringen – quakend, schnatternd, blubbernd, summend – ihre Beschwerde einzeln zum Ausdruck. Ochs und Esel sind die Einzigen, die verstehen: Der Ochse muht verständnisvoll, der Esel schreit zustimmend. Die Tiere bilden einen Zug und beginnen den Stall zu verlassen. Da schließen sich Ochs und Esel ihnen an.

JOSEF   *(stampft mit seinem Stab auf den Boden, alles ist still)* He, Grauer, wohin willst du? – Und du, Bulli?

Ochs und Esel sind kurz stehen geblieben und deuten mit Lauten und Gesten, dass man ihnen folgen soll.

ZWEITE GESTALT   Ich glaube, die wollen, dass wir ihnen alle folgen.

ERSTER KÖNIG   Es sieht tatsächlich so aus. Wir nehmen den Wagen!

ZWEITER KÖNIG   *(zum Chauffeur)* Schnell, hol den Wagen.

CHAUFFEUR   Aber es …

ZWEITER KÖNIG   *(leutselig zu den anderen)* Ihr könnt alle mit uns fahren.

CHAUFFEUR   Aber es geht …

DRITTER KÖNIG   *(lächelt)* Ich denke, unser Wagen ist groß genug. *(zum Chauffeur)* Los, worauf wartest du?

CHAUFFEUR   Eben, es geht nicht!

DIE DREI KÖNIGE   Wie bitte?

CHAUFFEUR   Die Straße ist doch gesperrt!

DIE DREI KÖNIGE   Er hat Recht. Was nun?

ERSTE GESTALT   Das Stück können wir wirklich zu Fuß gehen.

DIE DREI KÖNIGE   Er hat Recht.

ZWEITE GESTALT   Es ist aber kalt draußen … sollte nicht jemand beim Kind bleiben?

DIE DREI KÖNIGE   Er hat Recht!

MARIA   Geht nur, wir bleiben ja beim Kind!

JOSEF   Geht nur nachsehen, was die Tiere euch zeigen wollen! – Und danke, dass ihr alle gekommen seid!

9. BILD

Alle Besucher des Stalls schließen sich den Tieren an, bis auf Maria und Josef, die beim Kind bleiben. Der Zug bewegt sich zum Weiher hin. Dort betreten die Menschen, Ochs und Esel die Tische. Sie stehen nun im Halbkreis auf den Tischen, die den Teich abgrenzen. Die Teichbewohner sind hinter den Tüchern verschwunden.

10. BILD

ERSTE GESTALT   Was ist denn hier passiert!

ZWEITE GESTALT   Das hat doch heute Vormittag noch ganz anders ausgesehen!

Der Stern taucht auf. Er führt die beiden Bauarbeiter und den Baggerführer samt »Bagger« heran.

DIE DREI KÖNIGE   Der Stern!

ERSTER BAUARBEITER   Stimmt es, dass alle Tiere zum Stall gekommen sind?

ALLE   *(versetzt)* Ja! Doch!

ZWEITER BAUARBEITER   Aber das kann doch nicht sein: Frösche, Libellen, Enten …

ALLE   (*stärker*) Doch! Ja!

Währenddessen kommen Maria und Josef zum Teich, das Kind auf dem Arm tragend.

BAGGERFÜHRER   Aber der Fisch, den ich zubetoniert habe, dass der bis zum Stall gekommen ist, um sich zu beschweren! Das ist ja ein – Wunder!

ALLE   Ja, das ist ein –

MARIA   Wo sind sie denn eigentlich, die Tiere?

JOSEF   Und was ist geschehen? Heute Morgen war hier ein Froschteich!

ZWEITE GESTALT (*kleinlaut*) Unsere Limonadenbüchse …

Alle blicken auf die zwei Gestalten.

ERSTE GESTALT   Ich … ich hab eine Büchse reingeworfen … die war aber ganz klein …

MARIA   Für die Frösche vielleicht nicht! Und vor allem war es für sie sicher nicht die einzige!

ZWEITE GESTALT   (*zur ersten Gestalt*) Und wunderschön war sie auch, sag das!

ERSTE GESTALT   (*zur zweiten Gestalt*) Sei doch ruhig!

MARIA   Aber es kann nicht nur eure »wunderschöne« Büchse gewesen sein.

CHAUFFEUR   (*verlegen*) Hm! Wenn mich nicht alles täuscht, musste ich hier heute ein Rad wechseln und das ist dann – nun, das hab ich dann in den Teich gerollt – es war total kaputt, verstehst du, Maria …

MARIA   Das musst du nicht mir erklären, sondern den Fröschen. Und ich weiß nicht, ob die das verstehen …

CHAUFFEUR   Und dann hatten es ja alle (*räuspert sich*) so eilig, dem Stern nachzukommen …

ERSTER KÖNIG   Ja! Deswegen wollten wir ja auch …

ZWEITER KÖNIG   … die Straße ausbauen …

DRITTER KÖNIG   … und den Teich trockenlegen lassen.

DIE DREI KÖNIGE   (*beflissen*) Für alle! Damit alle dem Stern schneller nachkommen – und zu d e i n e m Kind, Maria!

MARIA   Hattet ihr es so eilig, ein Kind zu sehen, das nicht mehr wissen wird, wie ein Frosch quakt?

JOSEF   Wie eine Libelle summt?

MARIA   Wie Enten schnattern?

JOSEF   Oder wie ein Fisch nach einem Stern schnappt?

In diesem Moment fängt der- oder diejenige, die den Stern kreisen ließ, ihn mit der Hand ab. Alle blicken zuerst auf den Stern, dessen Kometenschweif nun leblos herabhängt, dann zu den Zuschauern. Es ist kurz ganz still. Plötzlich beginnen alle Stallbesucher, Könige, Chauffeur, Gestalten, Bautrupp, den Weiher wieder in Ordnung zu bringen, so gut es geht. Die Abfälle und das Gerümpel werden herausgeholt und auf einen Haufen vor den Zuschauern aufgeschichtet, der zugeschüttete Teil wieder »aufgebaggert«, also der Tisch so zurechtgeschoben, dass die Spannung der Wasseroberfläche wieder einigermaßen hergestellt ist. Die zerplatzten Seerosen und die ausgerupften Schlingpflanzen werden auch auf den Haufen geworfen. Danach nehmen alle wie vorher Aufstellung im Halbkreis auf den Tischen.

ERSTE GESTALT   Ein solches Wunder geschieht, glaube ich, nur alle tausend Jahre einmal!

ERSTER KÖNIG   Normalerweise überhaupt nicht!

ZWEITER KÖNIG   Das ist zu selten.

DRITTER KÖNIG   Nächstes Mal sollten wir vielleicht … (*er hält inne, weil einzelne Frösche quaken*)

Die Tiere beginnen den Weiher wieder zu bevölkern.

DIE DREI KÖNIGE   Man sollte hier einen Nationalpark errichten!

DIE DREI BAUARBEITER   Aber nicht mehr heute!

ZWEITE GESTALT   Horcht einmal!

Ein großes Froschkonzert wird hörbar.

11. BILD

Der Stern tanzt. Alle Spieler singen zusammen ein Weihnachtslied, zum Beispiel »Leise rieselt der Schnee, still und starr ruht der See …«

DAS WEIHNACHTSWUNDER

Alexander Melach

Die Beschreibungen des Bühnenbildes sowie der benötigten Requisiten finden sich jeweils vor den einzelnen Bildern.

DARSTELLER
in der Reihenfolge ihres Auftretens

Erster Engel
Zweiter Engel
Ein Reisigbesen
Ein Stubenbesen
Ein Mann
Eine Frau
Ein Salzstreuer
Ein krankes Kind
Krippenfiguren (zum Teil stumme Rollen)
Josef
Maria
Mehrere Hirten
Schafe
Ein Ochs
Ein Esel
Kamele
Die drei Könige
Der Weihnachtsbaum
Der Weihnachtsmann
Das Christkind

1. Bild

Zwei Engel. In einer Ecke lehnen ein Reisigbesen und ein Stubenbesen.

An der Rückwand der Spielfläche (oder wo immer es eben möglich ist) lehnt ein Fenster.

DIE ZWEI ENGEL Wir sind zwei Engel und wir suchen einen Weihnachtsbaum. Wir wollen ihn schmücken, mit unseren Engelhaaren. *(zu den beiden Besen)* Ah, ich glaube, das sind Bäume! Holz ist es jedenfalls.

ERSTER ENGEL Du, Engel, hast du schon einmal einen Weihnachtsbaum gesehen? Ich glaube, da stehen zwei!

ZWEITER ENGEL Ich bin auch in diesem Jahr das erste Mal auf der Welt. Ich glaube auch, dass das zwei Weihnachtsbäume sind!

BEIDE ENGEL *(zu den Besen)* Hallo, Bäume! Dürfen wir euch schmücken, mit unserem Engelshaar?

DIE BESEN Hallo, Engel! Aber wir sind doch keine Weihnachtsbäume, wir sind Besen. Habt ihr das nicht gewusst?

ENGEL Ach so! Aber wo finden wir Weihnachtsbäume?

DIE BESEN Ihr müsst bei den Häusern der Menschen vorbeifliegen und hineinschauen.

ENGEL Wir wollen aber nicht allein fliegen! Kommt mit!

DIE BESEN Gut, wir kommen mit.

Die Engel fliegen mit den Besen zum Fenster, halten das Fenster so, dass sie gut sichtbar durchkriechen können, und »fliegen« samt dem Fenster weg.

2. Bild

Ein Mann und eine Frau sitzen an einem Küchentisch. Auf dem Tisch hockt ein Kind, das einen löchrigen, silbernen Hut auf dem Kopf und ein Band um den Bauch trägt, mit der gut lesbaren Aufschrift »Salz« (oder das auf andere Weise als Salzstreuer verkleidet ist). Die Frau wiegt ein Kind in den Armen.

FRAU Ich versuche jetzt ein letztes Mal, unser Kind hinzulegen, damit wir das Wohnzimmer aufräumen können, wo doch unser Weihnachtsbaum steht, während du das Weihnachtsessen fertig kochst.

Die Frau legt das Kind vorsichtig in ein Bettchen oder auf eine Küchenbank. In diesem Augenblick ist lautes Kindergeschrei zu hören:

KIND Mama! Mama! Huhuhu … Mama! Mama! Huhuhu …

MANN Gib mir das Kind und schmücke du den Baum fertig.

FRAU Aber wer kocht dann das Weihnachtsessen fertig … *(Sie gibt dem Mann das Kind.)*

MANN *(nimmt das Kind)* Es ist noch immer so heiß, hoffentlich wird das Fieber bald besser!

FRAU Ja! Ich weiß nicht, wie wir heute Weihnachten feiern sollen … Ich habe noch nicht einmal die Krippenfiguren aufgestellt. Ich habe sie ja noch nicht einmal ausgepackt!

Die Engel und die Besen kommen mit dem Fenster geflogen, stellen es hinter der Familie auf und schauen zum Fenster herein. Der Salzstreuer beginnt aufgeregt hinzuzeigen und zu winken.

SALZSTREUER Zwei Besen! Zwei Engel! Hallo! Hallo! Hallo! Hallo!

FRAU Warum wackelt der Salzstreuer auf dem Tisch? Ist das ein Erdbeben?

MANN Vielleicht! Vielleicht ist unser Kind deswegen so nervös …

EIN BESEN Dieses Zimmer heißt Küche. Weihnachtsbäume stehen meistens im Wohnzimmer, wenn es eines gibt.

Engel und Besen sind weitergeflogen. Der Salzstreuer bemüht sich, schnell wieder stillzuhalten.

3. Bild

Ein Weihnachtsbaum. Wenn es gerade keinen Weihnachtsbaum gibt, kann der Baum auch von einem Menschen dar-

gestellt werden. Vor dem Weihnachtsbaum steht eine Krippe ohne Figuren. Neben der Krippe stehen ein paar Kartons. In den Kartons sind Maria, Josef und ein paar Hirten und Schafe, Ochse, Esel, eventuell auch Kamele und die drei Könige (je nach Anzahl der Mitwirkenden) mit viel Zeitungspapier eingewickelt. Die Kartons sind mit den Namen der Figuren beschriftet. Ein paar Figuren können bereits halb ausgepackt daliegen.

Die Engel und Besen kommen mit dem Fenster geflogen, einer stellt das Fenster auf, lässt die drei anderen »hindurchfliegen«, der Letzte der drei hält das Fenster, sodass der Vierte nun durchfliegen kann. Das Fenster ist so angefertigt, dass es selbst stehen bleiben kann, oder es wird irgendwo angelehnt.

EIN BESEN   Das hier ist ein Weihnachtsbaum! Aber was ist denn da los?

Im Hintergrund ist kurz Kindergeschrei zu hören.

Der Salzstreuer kommt angeschlichen.

SALZSTREUER   Hallo! Hallo! Kann ich irgendwie behilflich sein? – Ja, da schaut es so aus, weil das Kind krank ist. Immer wenn die Eltern das Wohnzimmer aufräumen kommen, weint das Kind und sie laufen schnell hin und trösten es. Das geht schon die ganze Zeit so.

DIE BESEN   Wir fangen einmal mit unserer Arbeit an!

Die Besen beginnen die vielen Dinge, die am Boden verstreut sind, einzusammeln und an ihren Platz oder einfach auf die Seite zu schaffen. Die Engel schmücken den bereits teilweise geschmückten Weihnachtsbaum fertig, vor allem aber mit Engelhaar.

DIE ENGEL   Wo sind die Geschenke?

SALZSTREUER   Keine Ahnung!

EIN BESEN   Was ist mit den Schachteln da? *(will eine Schachtel wegschieben, auf der »Hirte« steht)*

STIMME DES HIRTEN *aus der Schachtel*   Au!

SALZSTREUER   Gib Acht! Vielleicht ist da was Zerbrechliches drin … Ich glaube, ich war auch irgendwann einmal so eingepackt! *(Der Salzstreuer hastet*

hin und gemeinsam mit dem Besen hilft er einem Hirten aus der Schachtel und den Zeitungen.)*

HIRTE   Danke! *(Er klopft sich ein wenig ab und sieht sich um.)* Oh, weh – oh, weh! *(Im Hintergrund ist kurz Kindergeschrei zu hören.)* – Aha! Ich verstehe! In diesem Jahr ist ein Kind ins Haus gekommen! Da müssen wir alle zusammen helfen!

Der Hirte packt andere Hirten aus. Jede neu ausgepackte Figur hilft mit, weitere Figuren auszupacken. Als die Hirten und die Könige ausgepackt sind, werden die Schafe und Kamele ausgepackt, dann Ochs und Esel und zuletzt Maria und Josef.

JOSEF   Komm, Maria, da ist schon der Stall!

MARIA   Ja, hier haben wir ein Dach über dem Kopf. *(zu den Hirten, die soeben den Ochsen und den Esel zum Stall führen)* Liebe Hirten, dürfen wir im Stall bei euren Tieren übernachten?

EIN HIRTE   Selbstverständlich, Maria. Wir haben euch schon gesehen und bringen den Ochsen und den Esel und ein paar Schafe dazu, dann wird es gleich viel wärmer im Stall!

Einer der Könige hat in einem Haufen Zeitungspapier den Stern gefunden und trägt ihn vor sich her. Die beiden anderen Könige schließen sich ihm an. So gehen die Könige suchend im Zimmer umher.

EIN KÖNIG   Wo ist das Kind?

DIE KÖNIGE   *(singen nach der Melodie eines passenden Weihnachtsliedes – etwa »Stille Nacht« oder »Leise rieselt der Schnee«)* Wo ist das Kind, wo ist das Kind …?

Es klopft an der Tür.

Alle halten in der Bewegung inne und schauen gebannt zur Tür. Herein kommt der Weihnachtsmann. Neben ihm trippelt das Christkind. Der Weihnachtsmann nimmt Geschenke aus seinem Sack und ordnet sie schnell, aber liebevoll unter dem Weihnachtsbaum auf. Das Christkind hilft ihm. Der Weihnachtsmann schubst das Christkind zur Krippe.

WEIHNACHTSMANN   Komm, schnell, ich glaube, sie kommen gleich herein, es läutet schon die Christkindglocke!

Ein Glöckchen läutet. Das Christkind verabschiedet sich vom Weihnachtsmann und legt sich in die Krippe. Die Engel stellen das Fenster auf und schlüpfen hindurch. Der Weihnachtsmann eilt zu ihnen.

WEIHNACHTSMANN   Wartet, lasst das Fenster noch offen, ich kann jetzt nicht mehr durch die Tür! *(Die Engel halten dem Weihnachtsmann das Fenster, sodass er durchschlüpfen kann. Dann gehen sie mit ihm zusammen ab.)*

DIE BESEN   Wir bleiben hier. Wir gehören ohnehin in die Wohnung und jetzt wollen wir auch einmal dabei sein, wenn Weihnachten gefeiert wird. *(Sie stellen sich etwas auf die Seite.)*

MANN UND FRAU   *(eintretend)* Hauptsache, das Essen ist fertig. Feiern wir halt heute ohne aufzuräumen.

MANN   Irgendwie bin ich trotzdem in Weihnachtsstimmung.

FRAU   Ich auch.

MANN UND FRAU   *(als sie im Zimmer sind)* Oh! *(Sie fallen einander um den Hals.)*
So eine liebe Überraschung! Wie hast du das geschafft, so schön aufzuräumen! – Ich hab doch gar nicht aufgeräumt! – Nein? – Wie schön! – Du warst es nicht? *(scherzhaft und schelmisch)* Dann muss es sich selbst aufgeräumt haben und die Krippenfiguren haben sich selber aufgestellt!

FRAU   Ausgepackt und aufgestellt!

MANN   Natürlich! Ausgepackt und aufgestellt! Das ist das schönste Weihnachtsgeschenk!

FRAU   Wunderbar! Wir können feiern und essen!

MANN   Können wir diesmal ausnahmsweise vorher essen und dann feiern?

FRAU   Ja, ich bin auch schon so hungrig!

Die beiden stellen das Essen auf den Tisch und setzen sich. Einer von beiden hat das Kind getragen und legt es in das Bettchen oder auf die Bank.

MANN   *(greift dem Kind an die Stirn)* Das Kind hat plötzlich kein Fieber mehr! Und es schläft so ruhig!

FRAU   *(greift dem Kind an die Stirn)* Hoffentlich bleibt das so! – Na ja, jetzt schläft es. Angenehm, einmal zu sitzen. So. Guten Appetit.

MANN   Guten Appetit!

Sie essen. Dann sehen sie einander an.

FRAU   Das Essen schmeckt gut, aber …

MANN   … völlig ungesalzen!

BEIDE   Ach, wer holt jetzt den Salzstreuer!

Sie entdecken, dass der Salzstreuer in Griffweite neben ihnen steht.

FRAU   Wie ist das möglich! Da steht plötzlich der Salzstreuer!

MANN   Das versteh ich überhaupt nicht.

FRAU   Und da stehen die Besen! Aber die sollen ruhig heute dableiben und mitfeiern!

MANN   Ja. Aber das mit dem Salzstreuer, das ist ja ein … ein …

BEIDE   … Weihnachtswunder …

DIE ZEITREISE

Alexander Melach

Die Beschreibungen des Bühnenbildes sowie der benötigten Requisiten finden sich jeweils vor den einzelnen Szenen.

DARSTELLER

Ventilschlauch und } *Brautpaar aus dem 3. Jahrtausend*
Diode Sonderrabatt }

Grätenfrei, ein Pilot
Farbstofffrei, ein schwarzer Butler } *Bedienstete des Hochzeits-Zeitreisebüros*
Bügelfrei, ein Mann in Toga }

Ein Grenzpolizist in Urmenschenkostüm mit Keule
Maria
Josef
Ein Engel
Männer und Frauen in einer Badeanstalt

1. Szene

Drei Gestalten, grüne Kartons und Antennen auf den Köpfen und grün gekleidet, sitzen in einem imaginären Raumschiff, im Profil aufgereiht auf drei Stühlen, der erste mit etwas Abstand zu den beiden anderen, denn er ist der Pilot. Dies kann auch durch sein Äußeres – beispielsweise mit einer Flug- oder Taucherbrille – deutlich gemacht werden.

Die Gestalten sind: Grätenfrei, Ventilschlauch und Diode.

DIODE   Schläuchlein!

(*Ventilschlauch reagiert nicht*)

Schläuchlein!

(*Ventilschlauch reagiert nicht*)

Muss ich wirklich dieses idiotische Ding die ganze Zeit über meinen Kopf gestülpt lassen?

VENTILSCHLAUCH   (*dreht sich zu ihr um*) Ich versteh kein Wort mit dem Ding da! (*klopft auf seinen Karton*) Glaubst du, müssen wir dieses idiotische Ding da wirklich die ganze Zeit auf dem Kopf lassen?

DIODE   Ich versteh kein Wort! (*nimmt ihren Karton ab*)

VENTILSCHLAUCH   (*nimmt ebenfalls den Karton ab*) Oh!

DIODE   Oh! Gut sehen Sie aus, Herr (*mit verliebter Stimme*) Sonderrabatt!

VENTILSCHLAUCH   Und Sie sehen erst blendend aus (*verliebt*), Frau Sonderrabatt!

Die beiden betrachten einander verliebt.

Der Pilot hat sich zu den beiden nach hinten umgedreht und beobachtet sie. Ab und zu schaut er doch nach vorn und reißt dann schnell und erschrocken das Steuer herum. Sobald er alles unter Kontrolle hat, beobachtet er wieder seine beiden Passagiere, die inzwischen weiterreden.

DIODE   (*verliebt*) So ist das eben, wenn man immer jünger wird, Herr Sonderrabatt – um wie viel bin ich eigentlich bereits jünger geworden?

VENTILSCHLAUCH   So um die zwei Jahre, wenn dieser Antennenstecker von einem Piloten einigermaßen

in der Zeit bleibt – was der zusammenfliegt, ist mir Schleiereule …

DIODE   Und das auf unserem Hochzeitsflug! Ach, Schläuchlein, wären wir doch zu Hause geblieben!

GRÄTENFREI   Ich muss Sie höflichst bitten, den Kopfschmuck aufzubehalten!

VENTILSCHLAUCH   Was hat dieser Weichspüler schon wieder? Wir kommen ohnehin nie an …

GRÄTENFREI   Herr Sonderrabatt, Sie wissen genau, dass auf der Reservation Erde aus Höflichkeit zu den Einwohnern ausnahmslos nur mit grünem Helm gelandet werden darf! Wenn da eine jahrtausendealte Kultur besagt, dass Besucher von anderen Sternen grün sind und grüne Helme mit Antennen tragen, dann haben wir das zu respektieren. Sie gehen ja auch nicht in der Unterhose Ihren Jet auftanken, oder?

VENTILSCHLAUCH   Reg dich nicht auf, Weichspüler, wir setzen den Helm ja auf, sobald wir uns diesem verflixten Stern nähern.

Ventilschlauch und Diode sehen einander verliebt an.

GRÄTENFREI   Wir landen jetzt, Herr Sonderrabatt. Im Übrigen habe ich die Höflichkeit nicht erfunden, da müssen Sie sich woanders beschweren.

VENTILSCHLAUCH   Schon gut.

GRÄTENFREI   Außerdem heiße ich nicht Weichspüler, sondern Grätenfrei.

VENTILSCHLAUCH   Schon gut, Grätenfrei.

DIODE   Kann der nicht zu reden aufhören?

GRÄTENFREI   Sie haben wohl den Kollegen Klarspüler gemeint, der Ihnen die Tickets verkauft hat.

VENTILSCHLAUCH   (*desinteressiert*) Wahrscheinlich haben Sie Recht.

GRÄTENFREI   Kollege Klarspüler hat früher diese Maschine geflogen.

VENTILSCHLAUCH   Alles klar!

DIODE   Bitte sag nicht immer was zu ihm, vielleicht hört er dann von selber auf.

GRÄTENFREI   Einen Weichspüler hatten wir früher

auch einmal … – (*er sieht, dass seine Fluggäste rasch die Helme aufgesetzt haben, und schaut nach vorne, ist angenehm überrascht*) Wir sind gelandet!

Grätenfrei springt vom Sitz und öffnet pantomimisch etwas wie eine Fahrzeugtür. Das frisch gebackene Brautpaar Sonderrabatt steigt aus.

Ein Mann, mit einem Tierfell bekleidet und einer Keule im Gürtel steckend, hat die Funktion des Grenzpolizisten. Der Pilot führt die beiden Reisenden zu ihm.

GRENZPOLIZIST   Ihre Kreditkarte vorweisen bitte!

Ventilschlauch und Diode geben unter ihren Helmen Laute von sich.

GRENZPOLIZIST (*zum Piloten*)   Was haben Sie? Ich verstehe kein Wort!

GRÄTENFREI (*wackelt mit den Händen vor den Sehlöchern der Kartons der Sonderrabatts und versucht ihnen klar zu machen, dass sie die Kartons abnehmen sollen*) Hier können Sie die Helme ruhig abnehmen.

VENTILSCHLAUCH UND DIODE (*nehmen die Kartons ab*) Was will er? – Wir verstehen kein Wort!

GRÄTENFREI   Die Kreditkarten will er sehen.

VENTILSCHLAUCH UND DIODE   Selbstverständlich!

Beide reißen eine mit Klettstreifen angeheftete, schuhsohlenförmige Karte von ihren Schuhsohlen und halten sie dem Zöllner hin. Dieser schaltet einen Staubsauger ein, fährt mit dem Saugteil (kleines Vorsatzstück) darüber, schaltet den Staubsauger ab, steckt ihn aus, falls netzbetrieben, öffnet ihn und klopft prüfend (leicht!) auf den Staubbeutel. Dann klappt er den Staubsauger zu und hüstelt.

GRENZPOLIZIST   (*mit einer Stimme, als würde er mühsam ein Husten unterdrücken*) Ihr Kontostand ist in Ordnung!

Er hustet, den Mund zu einem Berufsgrinsen verziehend. Ventilschlauch und Diode husten ebenfalls, mit den Köpfen nickend, wie bei einem Gruß.

GRÄTENFREI   Ich darf mich hier verabschieden und Sie an meinen Kollegen weiterreichen …

VENTILSCHLAUCH   Was soll die Urmenschenkluft – in welches Jahrtausend haben Sie sich verflogen, Grätenfrei!

GRÄTENFREI   Für Sie beide hat das keine Bedeutung, aber es gibt ja noch andere Besucher der Reservation Erde von allen möglichen Sternen, sie glauben gar nicht, was hier alles vorbeifliegt und durchtrampelt, und auf vielen Sternen kommen sie in der Schule in Sternenbewohnerkunde beim Menschen über die Steinzeit nicht hinaus, bei dem Stoff, den die haben. Und es wäre dann vielleicht zu verwirrend für sie, wenn der erste Mensch, den sie hier treffen, nicht ungefähr so aussieht, wie sie es gelernt haben.

VENTILSCHLAUCH   Höflichkeit, ich verstehe.

Ein tadellos gekleideter schwarzer Butler ist neben Grätenfrei getreten.

GRÄTENFREI   Aber da Sie offenbar mehr über die Erde wissen, wird sich mein Kollege Farbstofffrei Ihrer annehmen. Er bringt Sie zur Zeitschleuse. Leben Sie wohl, kaufen Sie gut! (*ab*)

Farbstofffrei blickt die beiden an und nickt. Alle drei machen eine zügige, synchrone Folge von Bewegungen, zum Beispiel: eine Drehung um die eigene Achse gefolgt von einer Kniebeuge, das ganze dreimal.

Ein Mann in Toga erscheint.

Farbstofffrei weist strahlend auf den Togamann und verbeugt sich.

VENTILSCHLAUCH   Und das ist wohl Kollege Bügelfrei.

TOGAMANN   Es gibt eine kleine Hotelumverlegung, weil alles ausgebucht ist, wegen der Volkszählung. Bis das geregelt ist, möchten Sie sich vielleicht etwas erfrischen … (*alle ab*)

2. SZENE

Im Vorraum einer orientalischen, öffentlichen Badeanstalt (Hamam): Eine Schnur ist in Schulterhöhe über die Spielfläche gespannt. Ein Tuch hängt darauf und verdeckt die dahinter befindlichen Badegäste von den Knien bis zum Hals. Diese stehen, sitzen, liegen (Tisch) und begießen sich selbst und einander mit Krügen und Schalen. Ihre Schatten können durch Gegenlicht auf das Tuch geworfen werden. Auf dem Tisch liegende Gestalten werden von anderen massiert. Wenn möglich, wird mit Trockeneis eine dampfende Atmosphäre geschaffen. Rechts und links, wo das Tuch endet, sind auf der Schnur Kleider aufgehängt. Dort hängen auch die grünen Helme und Kleider der Reisenden. Zwischen Kleidern und Tuch dient auf beiden Seiten ein Spalt als Ein- und Ausgang, auf einer Seite für Frauen, auf der anderen für Männer. Die Seiten können diesbezüglich mit Schildern ausgestattet sein, was nicht heißt, dass diese Schilder verständliche Zeichen tragen müssen.

Maria und Diode schlüpfen aus dem Baderaum hervor. Sie sind in große Badetücher eingewickelt.

MARIA   Ich hab dich hier noch nie gesehen.

DIODE   Ich war überhaupt noch nie in einem solchen Bad … deshalb bin ich so froh, dass ich dich getroffen habe. Ich hab ja nicht einmal die Seife erkannt.

MARIA   Bist du allein hier?

Josef und Ventilschlauch schlüpfen auf der anderen Seite hervor.

VENTILSCHLAUCH   *(kopfschüttelnd zu Josef)* Also, dass dieser grüne, weiche Stein eine Seife ist … *(sieht Diode)* … Hallo!

DIODE   Oh, du hast auch jemanden kennen gelernt.

(allgemeine Begrüßung)

DIODE   Der Togamann wird uns gleich abholen und ins Hotel bringen. Aber ich habe keine Lust. Das hier ist viel spannender.

VENTILSCHLAUCH   Warte, ich habe eine Idee!

Er probiert ein paar der fremden Kleidungsstücke aus, die auf der Schnur hängen. Findet eine lustige Kombination, die ihm passt. Diode tut es ihm gleich. Währenddessen haben sich auch Maria und Josef angezogen.

JOSEF   Es ist sehr schwer, heute ein Hotel zu finden. Wir haben selber noch keines. Wenn ihr wollt, suchen wir gemeinsam etwas.

VENTILSCHLAUCH UND DIODE   Gerne.

(alle ab)

3. SZENE

Auf Herbergsuche. Die vier neuen Freunde bewegen sich langsam vorwärts.

VENTILSCHLAUCH UND DIODE   Wie heißt ihr?

MARIA UND JOSEF   Maria und Josef. Hier ist etwas.

JOSEF   *(formt mit seinen Händen einen Trichter, ruft)* Hallo?!

EINE STIMME   Ausgebucht!

VENTILSCHLAUCH UND DIODE   Schöne Namen! Wir heißen Ventilschlauch und Diode Sonderrabatt.

VENTILSCHLAUCH   Ist das hier nicht ein Haus? Hallo! Hallo!

EINE STIMME   Keine Chance! Alles voll!

VENTILSCHLAUCH   Unser Pilot hieß »Grätenfrei«, unser Erdbetreuer »Farbstofffrei« und den Mann, der uns zum Hotel führen soll, nennen wir »Bügelfrei«.

JOSEF UND MARIA   Ihr sprecht Worte, die wir nicht alle verstehen. Aber eure Namen sind schön. Viele enden mit dem Wort »frei«.

DIODE   Ich probier's einmal da! Ein süßes Häuschen! Verzeihung! Hätten Sie vielleicht …

EINE STIMME   Sagenhaft!

DIODE   Entschuldigen Sie, was sagen Sie?

DIE STIMME   Sagenhaft, was sich da alles herumtreibt!

Sie gehen weiter.

VENTILSCHLAUCH   Das sind unsere Reisenamen. Sie stammen aus dem Erdwörterbuch, das gemacht wurde, als unsere Flugpioniere auf der Erde noch nicht landen konnten, aber bereits Kunstschätze von den großen Müllwolken, die die Erde umkreisen, einsammeln konnten – Ist das vielleicht ein Hotel? Ich probiere es wieder … *(ruft)* Bitte vielmals um Entschuldigung!

EINE STIMME   Sie entschuldigen sich zurecht, denn Sie stören! Ich werde gleich meinen Hund loslassen!

VENTILSCHLAUCH   Was ist das? *(zu sich selbst)* Ich kenne nur das Wort »Hut« …

Sie gehen weiter.

DIODE *(begeistert)* Die Müllwolken! Aus all den Aufschriften, Zettelchen und Farbtafeln wurde dann das erste große Erdwörterbuch der Menschensprache zusammengestellt.

VENTILSCHLAUCH   Von damals stammt auch der alte Brauch, bei Erdflügen Reisenamen anzunehmen, damit wir für die Menschen nicht so fremd wirken.

DIODE   *(begeistert)* Unsere Namen zum Beispiel, »Ventilschlauch« und »Diode«, sind aus einer alten Schrift, die den Namen »Gebrauchsanweisung« trägt.

VENTILSCHLAUCH Unser Familienname, »Sonderrabatt«, stammt aus einer fast vollständig erhaltenen Leuchtfarbtafel aus jener Zeit.

JOSEF   Von welcher Zeit sprichst du, in der diese Müllwolken um die Erde fliegen, und was ist »Gebrauchsanweisung«?

VENTILSCHLAUCH   Ich schätze, Grätenfrei hat sich um zweitausend Jahre verflogen.

DIODE   Wir wollten eigentlich nur zwei Jahre zurückfliegen!

MARIA   Zurückfliegen?

DIODE   Das ist bei Hochzeitsflügen so üblich. Manche Hochzeitspaare, die schon älter sind, fliegen zwanzig, dreißig Jahre zurück, um wenigstens bei den Flitterwochen wieder jung zu sein. Schläuchlein und ich sind aber so jung, dass wir das gar nicht brauchen.

VENTILSCHLAUCH   Aber zwei Jahre sind das obligate Minimum, wenn man fliegen will. Warum weiß ich nicht. Und jetzt sind zweitausend Jahre daraus geworden … Ist auch nicht unser Bier, die Mehrkosten für den Rückflug trägt unsere Hochzeitsreiseversicherung.

DIODE   Und wir haben unterschrieben, dass Zeitabweichungen von ein paar tausend Jahren kein Reklamationsgrund sind – ich will mich auch gar nicht beschweren, mir gefällt es hier sehr gut, und ich bin froh, dass ich dich kennen gelernt habe, Maria, und deinen lieben Mann.

MARIA   Wir haben euch gern, aber wir verstehen nicht alles, was ihr erzählt.

JOSEF   Obwohl … unsere Geschichte ist auch nicht gerade leicht zu verstehen, nicht wahr, Maria?

DIODE   Erzähl sie uns!

MARIA   Gern, aber jetzt nicht! Ich muss mich hinsetzen!

JOSEF   Hoffentlich kommt das Kind nicht während der Reise! Oder glaubst du, es kommt schon?

MARIA   Ich weiß nicht, ich muss mich hinsetzen!

DIODE   Da vorne ist noch ein Haus! Schaffst du es noch so weit, Maria?

JOSEF   Das ist doch kein Haus!

DIODE   Doch! Es ist sogar bewohnt. Siehst du nicht den grauen Menschen mit den langen Ohren und da schaut ein gefleckter Mensch mit Hörnern zum Fenster heraus, der bewegt die Lippen, verstehst du, was er sagt?

JOSEF   Das ist kein Haus, das ist ein Stall!

VENTILSCHLAUCH   *(zu Diode)* Du, ich glaube, nicht alle hier sind Menschen.

DIODE   *(zu Ventilschlauch)* Warum tragen sie dann keine grünen Helme?

MARIA   Ich kann keinen Schritt mehr weitergehen!

VENTILSCHLAUCH UND DIODE   Wartet, wir haben ja ein Haus mit!

Sie stellen ein Igluzelt auf.

Josef, bleib bei ihr, wir gehen Hilfe holen!

4. SZENE

Diode und Ventilschlauch entfernen sich vom Zelt. Sie begegnen dem Urmenschen, dem Butler und dem Togamann, die sich auf der Bühne herumtreiben und sich suchend umblicken. Ventilschlauch und Diode werden angesprochen, aber, da in »Erdkleidung«, nicht als die Fluggäste erkannt.

BÜGELFREI Entschuldigen Sie, haben Sie vielleicht einen Mann und eine Frau gesehen, ein Hochzeitspaar …

In diesem Augenblick erscheint der Engel.

ENGEL Fürchtet euch nicht, ich verkünde euch große Freude … Friede auf Erden und den Menschen ein Wohlgefallen.

Alle gehen daraufhin langsam in schlangenförmigen Umwegen zum Zelt, aus dem ein Schimmer dringt sowie sanfte Musik. Maria und Josef vor dem Zelt halten ein Bündel.

DIODE Wir möchten euch etwas schenken …

VENTILSCHLAUCH … unseren kostbarsten Besitz: Die historische Tafel – das Wappen unserer Familie.

Er nimmt eine grelle Tafel mit der Aufschrift »Sonderrabatt« und stellt sie zu Maria und Josef. Grätenfrei kommt mit einigen Säcken und winkt Farbstofffrei und Bügelfrei zu sich.

GRÄTENFREI Als mir der Engel erschien, rannte ich schnell in die Flughalle, wo wir einige unserer frühen Erdfunde aus der Müllzeit ausgestellt haben. Diese Schätze wollen wir nun dem neugeborenen Kind schenken …

Grätenfrei, Farbstofffrei und Bügelfrei nähern sich feierlich Maria und Josef, die Arme voller Schachteln, Supermarktschildern, Gerümpel etc., das sie liebevoll um die Heilige Familie anordnen. Alle singen ein Weihnachtslied.

5. SZENE

Es ist Nacht, alle schlafen. Engel setzt sich auf.

ENGEL Josef! Josef! Euer Kind ist in Gefahr! Ihr müsst weg von hier, nach Ägypten, oder meinetwegen wohin ihr wollt, aber so weit wie möglich! Hörst du, Josef?

JOSEF *(erwachend)* Ja, ich höre dich – so weit wie möglich!

Josef merkt, dass er erwacht ist, und erschrickt, dass er so laut gesprochen hat, weil er das Kind und Maria nicht aufwecken will. Er packt leise das Zelt zusammen.

MARIA *(erwacht)* Josef, was machst du?

Das Kind schreit leise und Maria stillt es im Halbschlaf. Dabei erwacht sie ganz.

JOSEF Schon wieder der Engel, aber diesmal ist er mir erschienen. Wir müssen sofort weg hier.

MARIA Ach Gott.

VENTILSCHLAUCH UND DIODE *(im Aufwachen)* Ihr brecht auf?

JOSEF UND MARIA Wir müssen. Unser Kind ist in Gefahr!

VENTILSCHLAUCH UND DIODE Wo müsst ihr hin?

MARIA UND JOSEF So weit wie möglich.

MARIA Aber ich kann kaum weit gehen! Ein kleines Stück schon, aber nicht stundenlang oder tagelang!

DIODE Ich habe eine Idee! *(zu Josef und Maria)* Habt Vertrauen zu uns! Ihr fliegt statt uns zurück! So kommt ihr bequemer von hier fort, als wenn ihr zu Fuß gehen würdet. Und wenn ihr hierher zurückwollt, dann heiratet ihr und geht wie wir auf Hochzeitsreise mit dem Hochzeits-Zeitreisebüro, und dann tauschen wir wieder und Schläuchlein und ich fliegen nach Hause.

MARIA UND JOSEF Wir vertrauen euch und heiraten möchten wir ohnehin bald.

DIODE *(weckt Farbstofffrei und Bügelfrei auf)* Meine Herren! Aufstehen, wir haben Neuigkeiten für Sie!

Farbstofffrei und Bügelfrei reiben sich die Augen, springen, kaum erwacht, dienstbeflissen auf.

DIODE Sie haben uns gestern gefragt, ob wir Brautleute gefunden haben – hier sind sie!

FARBSTOFFFREI UND BÜGELFREI *(halten Josef und Maria für das außerirdische Brautpaar)* Oh, Sie sind unser Brautpaar! Wir haben Sie schon gesucht, weil in der

Badeanstalt die grünen Gewänder gefunden worden sind. Sie haben Ihre Kleidung gewechselt und darum haben wir Sie nicht gleich erkannt! – Dürfen wir Sie zur Zeitschleuse geleiten und sicher nach Hause bringen? Es wäre Zeit für den Rückflug, wir hoffen, es hat Ihnen auf der Erde gut gefallen.

JOSEF UND MARIA *(zu Diode und Ventilschlauch)* Wir glauben, wir verstehen. Vielen Dank, liebe Freunde, und verlasst euch drauf: Wir kommen wieder!
(zu Farbstofffrei und Bügelfrei) Wir haben aber unser Kind mit!

FARBSTOFFFREI UND BÜGELFREI Herzlichen Glückwunsch! Eine Erdgeburt! Und jetzt kommen Sie bitte, ein herrliches Frühstück erwartet Sie in der zeitlosen Wartehalle! *(alle ab)*

Ab hier ist das Theaterstück nicht weitergeschrieben, damit die Fantasie derer, die es spielen wollen, sich ungestört entfalten kann:
Kommt es zum Abflug, wird der Pilot sich wieder verfliegen, an welchen Ort verschlägt es dann die Heilige Familie – und in welche Zeit? …

BITTE AN DAS CHRISTKIND

Du – du
kleines Kind
ein Stern glänzt voller Pracht
weil viele Menschen 'kommen sind
in dieser stillen Nacht.
Du kleines Kind, wir bitten dich
bring uns doch den Frieden
mit deiner ganzen Macht.

Friedl Hofbauer